JN279890

現代日本語発音の基礎知識

榎本正嗣

学文社

はしがき

　外国語を学ぶときに最初に困難をおぼえるのは発音ではないでしょうか．言語を学ぶときに学習者の母語に存在しない音の発音が難しいことはご存知でしょう．言語はそれぞれ独自の音体系をもっており，使われている音も異なります．人間の発音できる音の範囲は共通であるといわれますが，私たちは母語を習得する段階でこれら発音可能な音の取捨選択を行っていくのです．いったん母語を習得してしまうと，他言語を学習する場合に母語の音体系が障害になることがあります．目的とする言語の音を母語の音素体系を使って認識，発音しようとしてしまうのです．日本語を外国語として学ぶ場合も同様です．わたしたちは母語の音体系に関しては通常無意識で，自分が具体的にどのような発音をしているかを意識することは通常ありません．しかし，外国語として日本語を客観的にとらえてみると，まったく異なった姿が現れてきます．音声は言語学習の基礎であり，その教育は欠くことができませんが，音声教育は言語教育のその他の分野と比較して，進んでいるとは言い難い状況です．言語教育の場面では十分な音声学の知識が必要であることはいうまでもありません．

　本書はいわゆる「日本語発音教本」ではなく，日本語音声学の基礎が学べるように編纂されており，日本語学習者，日本語教育関係者，日本語教育を学ぶ学生を対象としています．内容は5章構成で，日本語音の特徴を具体的な発音事例をあげながら説明し，日本語音声の学習とともに，音声を客観的に聞く能力を身につけることを目的としています．1章は日本語の「音節」についての章で，日本語発音の基礎単位である仮名にあたる「拍」を扱っており，特に母音と子音の組み合わせの制限について説明しています．本来ならば，「単音」についての説明が最初になされ，さらに音節，文などの大きな音単位に進むべきなのかもしれませんが，日本語発音における「拍」の重要性を考え，このよ

うな構成になっています．2章では「母音」，「子音」を扱い，特に実際の発音時に起こる音の変化について焦点を当てています．また，日本語に特徴的な発音の音声特徴について，また日本語学習者が起こしやすい間違いについて述べています．3，4章では日本語のアクセント，イントネーションの特徴を他言語と比較しながら，その独自性と共通性について論じています．5章では日常会話時に耳にする，発音のバリエーションを音声学的に分析しています．各章には確認のための練習問題が載せてあり，教科書として使用する場合，あるいは自習時の理解確認ができるようになっています．

　本書の執筆にあたっては，玉川大学教育学部の長野正教授には多くの励ましとご助言をいただきました．さらに，玉川大学文学部の常岡亜希子氏にも原稿の読み合わせ，ならびに英語教育の視点からのアドバイスをいただいたことをここに記したいと思います．また，出版をお引き受けいただいた学文社，特に編集を担当してくださった三原多津夫氏に感謝の意を表したいと思います．

2005年12月

榎本　正嗣

目　　次

はしがき

1. 日本語音と音節 …………………………………………………… 07
   1.1. 拍　　7
   1.2. 仮名と発音　　8
   1.3. 音の組み合わせ　　11
   1.4. 注意すべき発音　　14
      1.4.1. 促音便　　14
      1.4.2. 撥音便　　15
      1.4.3. 特殊拍と強調　　16
      1.4.4. 拗音　　17
   【練習問題】　　18

2. 単音の発音 ………………………………………………………… 21
   2.1. 意識する音しない音（音素と音声）　　21
   2.2. 日本語の単音　　23
      2.2.1. 発音方法　　23
      2.2.2. 母音と子音　　25
      2.2.3. 日本語の母音　　25
      2.2.4. 母音の弛緩　　27
      2.2.5. 長音・二重母音　　27
         2.2.5.1. 長音　　27
         2.2.5.2. 短母音と「つまる音」　　29
         2.2.5.3. 二重母音と連母音　　30
      2.2.6. 母音交替　　32

2.2.7. 消える母音（無声化と脱落）　33
    2.2.8. 母音挿入　35
    2.2.9. 母音発音の注意点　36
  【練習問題】　38

  2.3. 子音の発音　39
    2.3.1. 日本語の子音　39
    2.3.2. 濁音　46
    2.3.3. 半濁音　50
    2.3.4. 拗音　51
    2.3.5. 子音の交替　52
    2.3.6. 注意すべき促音発音　58
  【練習問題】　59

3. アクセント ……………………………………………………………… 61

  3.1. 語アクセントと機能　61
    3.1.1. アクセントの制約　64
  3.2. アクセントの型　65
    3.2.1. 名詞のアクセント型　65
      3.2.1.1. 普通名詞　65
      3.2.1.2. 名前のアクセント　67
      3.2.1.3. 外来語のアクセントと自然なアクセント　70
      3.2.1.4. 拍数とアクセント型　72
    3.2.2. 動詞のアクセント　73
    3.2.3. 形容詞のアクセント　75
  3.3. 複合語のアクセント　77
    3.3.1. 複合語　77
      3.3.1.1. 名詞の複合語　77
      3.3.1.2. 動詞，形容詞の複合語　79
  【練習問題】　81

4．アクセントとイントネーション …………………………………………83
　4.1．アクセント句　　83
　4.2．文イントネーション　　85
　4.3．意味の焦点とイントネーション　　87
　　4.3.1．意味の焦点　　88
　　4.3.2．焦点のルール　　92
　　4.3.3．焦点の移動　　94
　4.4．文末のイントネーション　　95
　4.5．注意すべきアクセント・イントネーション　　96
　　4.5.1．平板発音　　96
　【練習問題】　　100

5．音変化 …………………………………………………………………………101
　5.1．同化作用　　101
　5.2．母音連続と子音挿入　　104
　5.3．長音化　　108
　5.4．促音化　　109
　5.5．音脱落　　111
　　5.5.1．母音の脱落　　111
　　5.5.2．音便と脱落　　111
　　　5.5.2.1．子音脱落による音便　　112
　5.6．言い間違い　　113
　　5.6.1．音位転換（メタセシス）　　114
　5.7．省略表現　　116
　【練習問題】　　120

　参考文献　　121
　索　引　　123

1. 日本語音と音節

1.1. 拍

　日本語では，音を表すのに「仮名」を用いています．仮名は漢字から生まれた文字で，漢字が文字自体が意味をもつ**表意文字**であるのに対して，音声のみを表す**表音文字**として使われています．仮名には平仮名と片仮名があり，平仮名は主に送り仮名や助詞，助動詞などを表すのに使われ，片仮名は外来語や擬声語・擬態語などに用いられます．これら表音文字である仮名の表す「音」とは，どのような単位なのでしょうか．

　日本語では，本来，ローマ字や音声記号が用いられる以前は仮名が最も小さな音単位を表していました．「子音」，「母音」という区別はなく，仮名が表す「音節」（シラビームとも呼ばれる）が1つの音を表していたのです．日本人にとって[k]や[s]を単独で発音することはなく，次に母音をともなって「ク」[ku]，「ス」[su]と発音されます．これらの子音＋母音の組み合わせは2音とは認識されず，認識上は1音です．この音節は厳密には「拍」あるいは「モーラ」と呼ばれます．「拍」は音の長さを表す単位で，「音節」よりは小さな単位となります．音節と拍の違いは，次のような例を見るとよくわかるでしょう．表音文字であることを明確にするため，表記には片仮名を用いることにします．

【1】音節と拍

		（音節）	（拍）	
a.	アンシン	アン・シン	ア・ン・シ・ン	（安心）
b.	ソウソウ	ソウ・ソウ	ソ・ウ・ソ・ウ	（早々）

c．イッキ　　　イッ・キ　　　イ・ッ・キ　　　（一気）

　音節は，母音を中心に前後に子音をともなった発音上のかたまりと定義されます．「ア」や「シ」のような文字は1音節で1拍を表します．【1】の例に見られるような「ン」，「ウ（ー）」，「ッ」などのような，「特殊拍（特殊音）」と呼ばれる音は音節末音として扱う場合と，独立音（拍）として扱う場合によって数が変わってきます．音節と拍は混同して使われることも多く，実際には拍というべきところを音節で表現する場合もあります．ここでは混同を避けるために仮名1文字に当たる単位は「拍」を用います．

1.2．仮名と発音

　拍は母音のみの場合（「ア」など）と，子音＋母音の場合（「カ」[ka]など）とがあります．五十音表にローマ字表記を加えた表1で確認してみましょう．この表のうち＊印がついている音は実際には変化しており別表記にすべきですが，ここでは日本語音の構造を知ることが重要なのであえて変化する前の原音を使っています．実際の子音の発音については，2.3.で詳しく説明します．

表1　日本語五十音表

ア a	カ ka	サ sa	タ ta	ナ na	ハ ha	マ ma	ヤ ja	ラ ra	ワ wa	ン N
イ i	キ ki	シ si*	チ ti*	ニ ni*	ヒ hi*	ミ mi	－	リ ri	－（ヰ）	
ウ u	ク ku	ス su	ツ tu*	ヌ nu	フ hu*	ム mu	ユ ju	ル ru	－	
エ e	ケ ke	セ se	テ te	ネ ne	ヘ he	メ me	－	レ re	－（ヱ）	
オ o	コ ko	ソ so	ト to	ノ no	ホ ho	モ mo	ヨ jo	ロ ro	ヲ wo*	

　表1からもわかる通り，五十音は日本語発音の基本です．これ以外に「濁音」，「半濁音」，「拗音」，前述の「特殊音（撥音，促音，引き音）」があります．表2に，これらの拍の例をいくつかあげておきます．

　表2の音のうち，拗音はその他の仮名と異なり，2文字を使っています．仮

表2

濁音	半濁音	拗音	特殊音
ガ・ギ・グ・ゲ・ゴ	パ・ピ・プ・ペ・ポ	キャ・キュ・キョ	ン
ザ・ジ・ズ・ゼ・ゾ		シャ・シュ・ショ	ッ
ダ・ヂ・ヅ・デ・ド		ニャ・ニュ・ニョ	ー
バ・ビ・ブ・ベ・ボ		ジャ・ジュ・ジョ	

名1文字にヤ行音を小文字で付け加えていますが，実際にはそれぞれの仮名を2拍で発音しているわけではありません．

仮名と発音は常に対応しているわけではなく，文脈によって同じ仮名が別の発音をする場合があります．次に仮名がいくつかの異なった発音をされる例を見てみましょう．

1．「ハ」，「ヘ」はそれぞれ「ワ」，「エ」と発音されることがある．

【2】

　　ワタシハ　　→　　ワタシワ　　　　　（私は）
　　ウチヘ　　　→　　ウチエ　　　　　　（家へ）

2．「ウ」は「引き音（ー）」で発音されることがある．

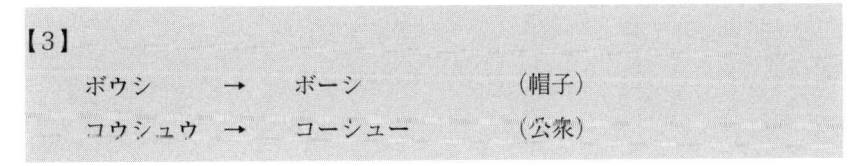

【3】

　　ボウシ　　　→　　ボーシ　　　　　　（帽子）
　　コウシュウ　→　　コーシュー　　　　（公衆）

3．撥音便「ン」は次に来る音によって発音が変わる．

【4】

　　アンピ　［ampi］　（安否）

> アンタ　[anta]　　（あんた）
> アンコ　[aŋko]　　（餡子）

　撥音便は，マ行，ナ行と同様鼻音の1つですが，鼻音そのもの（子音）が仮名1文字で表される特殊な音です．日本語では基本的に子音が続くことはありませんが，この撥音便と促音便は例外です．撥音便は次に子音が続くとその形をうしろの子音に合わせる傾向があります．

　4．ザ行イ段音（「ジ」，「ズ」）とダ行イ段音（「ヂ」，「ヅ」）は実際には同音である．

　「ヂ」，「ヅ」は本来タ行音の濁音ですから，サ行音の濁音とは本来発音が異なるはずですが，同音となっています．また，これらの表記は，合成語の連濁には使われますが（「カナ」+「ツカイ」→「カナヅカイ」など），基本的には歴史的仮名遣いで，本来ダ行音で表記すべきものもザ行音（摩擦音）表記になっています（「自信」と「地震」は「ジシン」と表記される）．しかしながら，これらの発音は，実際にはダ行イ段，ウ段音（破擦音）が使われています．

　1.～4.について，次の例を発音して，実際の発音を確認してください．

> 【5】
> a．カレハ（ha）（枯葉）　　－　カレハ（wa）（彼は）
> b．ハチノヘ（he）（八戸）　－　コチラヘ（e）（こちらへ）
> c．コウシ（u）（子牛）　　　－　コーシ（o:）（格子）
> d．サンピ（m）（賛否）　　　－　サンタ（n）　－　サンカ（ŋ）（傘下）
> e．シシン（指針）　　　　　　－　ジシン（自信）
> f．ジ（字）　　　　　　　　　－　ヂ（痔）

　拍はその言葉が表すように，リズムをきざむ単位と考えるといいでしょう．英語のような言語では，アクセントのある音節が時間的に等間隔で現れ，その間のアクセントのない音節とともに強弱のリズムをつくっています．これに対

して日本語では仮名1文字に当たる拍が，リズム単位となっています．促音便，撥音便（[ʔ]，[N]），「引き音」（「ー」：「アー」など）などの音も1拍に数えられます．この例を俳句や川柳から引いてみましょう．

【6】川柳
　　a．梅が香に　のっと日の出る　山路かな
　　　　　　　　　　（ノ・ッ・ト・ヒ・ノ・デ・ル）　（松尾芭蕉）
　　b．行水の　捨てどころなし　虫の声
　　　　　　　　　　　　（ギョ・ー・ズ・イ・ノ）　（上島鬼貫）
　　c．くろがねの　秋の風鈴　鳴りにけり
　　　　　　　　　　（ア・キ・ノ・フ・ー・リ・ン）　（飯田蛇笏）
　　d．ノー残業　お持ち帰りで　フル残業
　　　　　　　　　　（ノ・ー・ザ・ン・ギョ・ー）　（サラリーマン川柳）

【6】の例にあるように，特殊音も1拍に数えられています．【6.d】最初の句が字余りになっていますが（6拍），「働き蜂，親もやっぱり働き蜂」の句と比較すると，ずっと自然に5拍で読めるように感じます．というのも，「ハタラキバチ」は6拍ですが，まったく特殊音を含んでいません．一方「ノーザンギョー」は3拍も特殊音が入っています．特殊音は1拍と数えられるものの，前の拍の一部として発音することが可能であることを示しています．

1.3. 音の組み合わせ

表1は，「ア，イ，ウ，エ，オ」の5母音とカ行（[k]）からワ行（[w]）までの子音との組み合わせを表しています．5母音と子音が自由に組み合わされるのならば，この表はすべての欄が満たされているはずです．しかしながら，実

---

(1)　「ヲ，を」の発音に関しては[o]，[wo]両方の発音が可能ですが，現段階では母音[o]の発音が一般的．

際にはいくつか抜けている欄があります．ヤ行とワ行に注目すると，ヤ行ではイ段，エ段が抜けており，ワ行ではア段以外の組み合わせはありません[(1)]．カッコ内に示してある歴史的仮名遣いは文字としては現在も使われているものもありますが，実際には母音との違いはなくなっています．つまり，ヤ行では子音 [j]（ヤ行子音の音声記号）と母音 [i], [e] との組み合わせは存在せず，ワ行に関しては母音 /a/ との組み合わせのみが可能ということになります．

　このように，明らかに組み合わせのないものは比較的理解しやすいかもしれませんが，＊印のついている欄は要注意です．たとえば，サ行イ段の「シ」は本来子音 [s] + [i] ですから [si] となるはずですが，実際には多くのローマ字表記でも (shi) となり，その他のサ行音の子音とは異なっていることが認識されています．同様に，タ行イ段では [t] + [i] が (chi)，ウ段では [t] + [u] が (tsu) となります．これらの例は，ローマ字表記に現れるので比較的理解しやすいといえますが，ナ行，ハ行の例はローマ字表記でも現れず，その違いに気づくのが困難な例です．ナ行イ段音は「ni」と理解されていますが，実際には [ɲi] と表記すべきで，この子音は拗音「ニャ・ニュ・ニョ」の子音と同じで，舌全体が持ち上がって口蓋（上顎の歯の内側の固い部分）に押し付けられる発音です．また，ハ行イ段，ウ段はそれぞれ (hi), (hu) ですが，実際には [çi], [ɸu] (2.3.1. 表3参照) となり，それぞれ舌が持ち上がったり，唇をすぼめたりする発音で，その他のハ行音と音質が変わっています．これらの例は，すべてイ段あるいはウ段で起こっていることに気づくと思います．これらの変化は，次にくる母音の特性によって引き起こされるといってもよいでしょう．母音 [i], [u] は口を狭くし，舌の両脇を口蓋につける発音です．この母音の特徴が前の子音に影響して子音が音変化を起こすのです．したがって表1で＊印のついていないその他のイ段音も実際には母音の影響を強く受けています．

　拗音は子音に半母音（[j], [w]）の小文字（「ャ」,「ヮ」）を加えてつくられていますが，このうち半母音 [w] の付く拗音は「グヮ」など擬声音，擬態音に使われるのみなのでここでは扱わないことにします．表2を見てみると，イ段，エ段の拍が存在しないことに気がつくでしょう．拗音のイ段音は実際には

1. 日本語音と音節　13

五十音表のイ段音と同音です．すでに述べたようにイ段音は母音「イ」の影響で「口蓋化」を起こしており，拗音と同様の発音方法となります．また，拗音には本来母音「エ」との組み合わせもありませんが，外来語の流入によって使われるようになり，いくつかは表記も定着しています．

【7】
　　a．チェンジ　　　ジェントルマン　　シェリー
　　b．キェー　　　　ギェー　　　　　　ヒェー

　このように，母音「エ」との組み合わせは，基本的にはすべての拗音に可能です．しかし，「チェ」，「ジェ」，「シェ」などの音は頻繁に使われるものの，「キェ」，「ギェ」などの音は擬声語などの例に限られているようです．

　イ段音の拗音は存在しないと述べました．これはすでに述べたように日本語のイ段音（一部ウ段音）がすべて口蓋化を起こしていることが原因です．口蓋化を起こしていない外来語の子音を表すために次のような表記も使われるようになっています．

【8】
　　クイック　　　スイート　　　ティー　　　トゥー

　しかし，これらの表記で表される音も多くは2拍で発音され，「クイック」，「スイート」となることが一般的です．一方「ティー」，「トゥー」に関してはかなり定着しています．

　このような音の並び方の制限は，言語によって異なっているので，日本語学習者は母語の制限を無意識に日本語発音に使ってしまうことになります．たとえばサ行イ段音を「スィ」（[si]），タ行イ段を「ティ」（[ti]），ウ段を「トゥ」（[tu]）と発音したり，カナ表記は不可能ですが，ナ行イ段を [ni]（本来は [ɲi]）と発音したりします．これらの発音は実際にはコミュニケーションを阻害する

ほどの音の違いにはなりませんが，「外国人なまり」として認識される原因となります．
　次の例を発音して子音と母音の組み合わせの制限を意識してください．

【9】
　　a. キック　－　クィック　－　クイック
　　b. シート　－　スィート　－　スイート
　　c. チーム　－　ティーム
　　d. ツー　　－　トゥー

1.4. 注意すべき発音

1.4.1. 促音便

　少々前の話になりますが，サム・カプー (Sam Kapu) というハワイアン歌手の「ちょっと待ってください」という曲が日本でもヒットしたことがありました．この曲は英語タイトルが "Choto Mate Kudasai" となっています．促音便は閉鎖音（破裂音）や摩擦音を1拍分前に伸ばす音で，この発音が外国人には難しく実際の曲でも促音を使わないで歌われています．このように，日本語学習者にとって促音はもっとも難しい発音の1つです．促音は撥音便，引き音とともに1拍分の長さをもっていますが，問題はこの音が二重子音であることです．また，この二重子音はタ行，パ行のような「閉鎖音」やサ行音のような「摩擦音」の前に現れ，それらの子音のみで1拍分の発音をしなければならないことが，困難の大きな要因です．英語のような言語では，このような二重子音は通常発音されることはなく，スペルで二重子音となっている場合でも (attend など)「アッテンド」という発音にはならず，1子音の発音になります．次の例を見て促音の存在を確認してください．

【10】
    a．サッカ　　　サカ　　　（作家　－　坂）
    b．ハット　　　ハト　　　（ハット　－　鳩）
    c．マッテ　　　マテ　　　（待って　－　待て）
    d．ヒッシ　　　ヒシ　　　（必死　－　菱）

1.4.2. 撥音便

　撥音便（「ン」）は促音便と並んで外国人には難しい発音です．撥音便は鼻音ですが，この音も「特殊拍」の1つで，1拍分の長さがあります．撥音はその他の鼻音（ナ行，マ行音）と異なり，母音と組み合わせて拍を構成することはありませんし，この音で始まる語もありません．しりとり遊びで「ン」で終わる語を言った人が負けるのはこの理由によります．この音は母音のあとに現れ，単独で発音することも可能です．

【11】
    a．カンパイ　（乾杯）　　アンテイ　（安定）　　アンキ　　（暗記）
    b．アンシン　（安心）　　カンアン　（勘案）　　シンエン　（深遠）

　【5.d】にもあるように，【11.a】の例では撥音便「ン」は，次にくる子音によって異なった発音になります．この現象はかなり普遍的で，英語でも同様の変化が起こります．したがって，【11.a】のような例は比較的日本語学習者にも容易に発音できます．一方，【11.b】はいくつかの発音方法があります．1つはそれぞれの拍を独立して「ア・ン・シ・ン」のように発音する方法です．この発音の仕方は，一般的にはていねいにゆっくりと発音する場合のものです．もう1つは，撥音を前の母音にかぶせて「鼻母音」として発音する方法です（「深遠」[ʃĩẽ]）．これは，母音を発音するときに同時に鼻からも空気を通す発音法で，通常の発話に多く聞かれるものです．【11.b】はいずれの発音法でも

日本語学習者には難しい音で，次のような発音をよく耳にします．

【12】
 a．カナン　[kanan]　＜　カンアン　　　（勘案）
 b．シネン　[ʃinen]　＜　シンネン　　　（信念）

英語では，音節末の鼻音は次に母音がきた場合，その母音と結びついて「子音＋母音」の音節をつくる傾向にあります．したがって日本語の発音にもこの方法をとって【12】のような発音になると考えられます．

1.4.3. 特殊拍と強調

特殊拍は強調表現によく使われます．引き音が一般的ですがその他促音，撥音も使われます．

【13】

	（原形）	（強調形）			
		引き音	促音	撥音	
a．	スゴイ	スゴーイ	スッゴイ	スンゴイ	（凄い）
b．	ヒドイ	ヒドーイ	ヒッドイ	？ヒンドイ	（酷い）
c．	トテモ	トテーモ	トッテモ	*トンデモ	（とても）
d．	カタク	カターク	カッタク	*カンタク	（硬く）

（＊印は存在しない形を示す）

【13】の例ではそれぞれ強調の意味で1拍分語が長くなっています．原形では3拍ですが，強調形ではすべて4拍語となっています．引き音の場合は2拍目の母音が長音化していますが，促音，撥音では2拍目の子音が前に伸びています．促音便は基本的にはカ行やサ行のような清音の前に現れますが，強調形では濁音の前でも可能です．また，撥音便は清音，濁音両方の前で可能ですが，

2.3.6.で詳しく述べるように濁音は本来鼻音的特徴をもっているといわれ（鼻濁音など），その特徴が前に伸びると考えられています．

　これらの3つの強調形のうち音便を用いる形はかなり口語的で，引き音を用いた形と比べると現れる頻度も低いようです．特に撥音便を用いた形はあまり頻繁に使われることもなく，これらの表現は状況に応じた使い方を知る必要があるでしょう．

1.4.4. 拗音

　特殊拍と同様に拗音の発音も1拍という長さが問題になります．

【14】

A	B	
a. リョウコ（[rjo:ko]） →	リヨコ（[rijoko]）	（良子）
b. ショウタ（[ʃo:ta]） →	シヨタ（[sijota]）	（翔太）
c. ビョウキ（[bjo:ki]） →	ビヨキ（[bijoki]）	（病気）
d. ミョウジ（[mjo:dʒi]） →	ミヨジ（[mijodʒi]）	（苗字）

　　　　　　　　　　　　　　　　　　　　　　　　　　　（[j] はヤ行音を表す子音）

　これらの例は，英語を母語とした日本語学習者の発音にしばしば見られるものです．「リョ」や「ショ」は1拍で発音されなければなりませんが，【14.B】では「リヨ」，「シヨ」のように2拍で発音されます．これは「キャ」（[kja]）のような音連続が英語には存在しないことが原因です．したがって，[k]と[j]の間に母音「イ」（[i]）を入れて2つの音節をつくって発音するからです．上の例のうち特に【14.d】は日本人でも【14.B】のような発音をすることがあるので注意が必要です．

練習問題

1. 日本語はリズムを「拍」でとっています．したがってこのリズムを身につけるために手拍子などを利用するのも役に立ちます．次の語を下の「○」印（拍）を参考に手拍子をつけて発音してみてください．特に拗音，特殊音には注意すること．

   a． アイウエオ　　　アーイーウーエーオー　　　アッイッウッエッオッ
   　　○○○○○　　　○○○○○○○○○○　　　○○○○○○○○○○
   　　アンインウンエンオン
   　　○○○○○○○○○○

   b． カクコ　－　キャキュキョ　　　サスソ　－　シャシュショ
   　　○○○　　　○　○　○　　　　○○○　　　○　○　○
   　　ナヌノ　－　ニャニュニョ　　　ハフホ　－　ヒャヒュヒョ
   　　○○○　　　○　○　○　　　　○○○　　　○　○　○

   c． アシ－アッシ－アンシン　　　（足－圧死－安心）
   　　○○　○○○　○○○○
   　　トキ－トーキ－トッキ　　　　（時－登記－突起）
   　　○○　○○○　○○○

   d． ショウニン　－　ショウニン　（承認　－　使用人）
   　　○　○○○　　　○○○○○
   　　ビョウイン　－　ビヨウイン　　（病院　－　美容院）
   　　○　○○○　　　○○○○○

2. 俳句や川柳を使うのもリズムを知るうえで役に立つでしょう．次の川柳を五・七・五の拍で発音してみましょう．

五	七	五
(○○○○○)	(○○○○○○○)	(○○○○○)
1．金縛り	金がなくても	かかるのか？
2．朝ごはん	いつのまにやら	レトルトに
3．ダイエット	金がなくなりゃ	すぐできる
4．あの人と	明日逢うのに	長電話（ン）
5．流行（はやり）だと	パーマかけたら	原始人（ン）
6．がんばれよ	なめてかかれば	再履修（ー）

7. ついいつも	むずい授業が	子もり歌
8. 雪降って	楽しい時間は	**3分間**（ン）(6)
9. 甘い期**待**（アィ）(6)	茶色い不安の	バレンタイン(6)
10. センター試**験**(7)	2と3だけを	ぬりつぶし

2. 単音の発音

2.1. 意識する音しない音（音素と音声）

　私たちはいろいろな形で他言語と接触する機会がありますが，言語学習もその1つだといえるでしょう．言語学習において，最初に直面する問題は言語音の違いでしょう．耳慣れない音に戸惑うことも多いに違いありません．各言語は独自の音体系をもっており，言語学習とはその体系を学ぶことでもあります．言語音は大きく分けて母音や子音などの「単音」とアクセント，イントネーションなどの「韻律」の2つの側面があります．2章では単音の発音について考えてみましょう．

　私たちは何かを伝えたいとき，伝えたい内容を音のイメージに変え，それをもとに脳が発音器官に指令を出して，口から音声が発せられることになります．また，文字を見たときにも，その文字に対応した子音や母音を思い浮かべます．たとえば「ア」という文字を見ると頭の中には /a/ [2] という抽象的な音のイメージが浮かびます．この抽象的音イメージと実際の発音では微妙に異なることがあります．発音は文脈によっていろいろに変化するからです．しかしながら，日本語を母語とする人にとっては，これらの音変化に関してはほとんど無意識です．このように音は実際にはいくつかの発音バリエーションをもっています．文字を見て頭に浮かぶ音イメージを「音素」と呼びます．口に出して実際に発音される音を「音声」あるいは「異音」と呼び，[a] の記号を用います．

　「ア」の音を例にとって「音素」，「音声」を具体的に考えてみましょう．日本人にとって「ア」の音は1つであると考えられます．しかし「ア」の音とい

---

(2) / / は「音素記号」で頭の中の抽象的な音を表す．1章ではあえて [ ] 記号を使った．

っても，実際はいろいろな音色の「ア」があります．たとえば「ア〜ア」という発音も歌を歌うような場合と，落胆のときに出るため息とでは発音はかなり異なっています．しかしわれわれは「ア」の音はたとえ微妙な発音の違いはあれ「ア」であると認識します．口を大きく開けて発音しても，少々狭く発音しても「アリ」という発音は「蟻」と理解されます．このように，「音素」は「**意味の区別にかかわる最小の音単位**」と定義されるように，語の意味を変える音の違いといえます．「アリ」の「ア」を口を大きく開けて発音しても中くらいの開き方でも「蟻」と認識されますが，口の開き方がより狭くなり，ある限界を超えると「檻」や「売り」と認識されるようになります．この時点で「ア」という音素から「オ」や「ウ」という音素として認識される範囲に入ったということになります．音素というのは頭の中で意識する音で，あるものをどのように認識するかという，人間の認識行為そのものといっていいでしょう．たとえば「イヌ」という概念は加藤さん家の「シロ」も，鈴木さん家の「ジョン」も，あるいは犬の種類の「チワワ」も「ダックスフント」も個々のイヌの特徴はあるだろうけれどもその違いは無視し，共通点のみを見て「イヌ」という抽象的な概念をつくり上げているわけです．別の言い方をすれば「イヌ」という動物は実際には存在せず，認識上の存在で，実際に存在するのは「シロ」であり，「ジョン」なのです．「音素」も同様に抽象的な概念で，実際の音ではなく，頭の中で「ア」や「イ」と認識する音なのです．実際にはある範囲の音のまとまりを，抽象的な1音で代表させているともいえるでしょう．具体的な発音はそれぞれ微妙に違っているのですが，それらの違いは「無視」され共通の音特徴のみが意識されるのです．

　音素化の方法は言語によって異なり，そのため各言語の音構造は異なってきます．人間の発音できる音の範囲は基本的にはそれほど違いはないので，多くの音を発音できる人種や少ない音しか発音できない人種がいるということはありません．発音可能な音の範囲をどのように「区切る」かが各言語の音を特徴づけるのです．母音に関していえば，日本語は5母音のシステムですが，英語は倍以上の母音音素が存在し，フランス語でも唇を丸める特別な母音が加わっ

たりします．日本語のような5母音システムは比較的一般的ですが，それらの母音にも日本語的な特徴が見られます．子音に関しても同様のことがいえます．たとえば，英語は日本語よりもかなり多くの摩擦音をもっていますが，言い換えれば英語は細かい区切りをしており，日本語の摩擦音は，1音の範囲が広いと考えることもできます．次節では日本語の単音について説明します．

2.2. 日本語の単音

2.2.1. 発音方法

言語の発音にはランゲージ（language: langue = 舌）という言葉からわかるように「舌」が大きな役割を果たしています．言語音の定義も舌の位置が重要ですが，発音には「発音器官」と呼ばれる肺から唇にかけての器官がすべてかかわっているのです．図1は発音器官を表したものです．

図1　発音器官

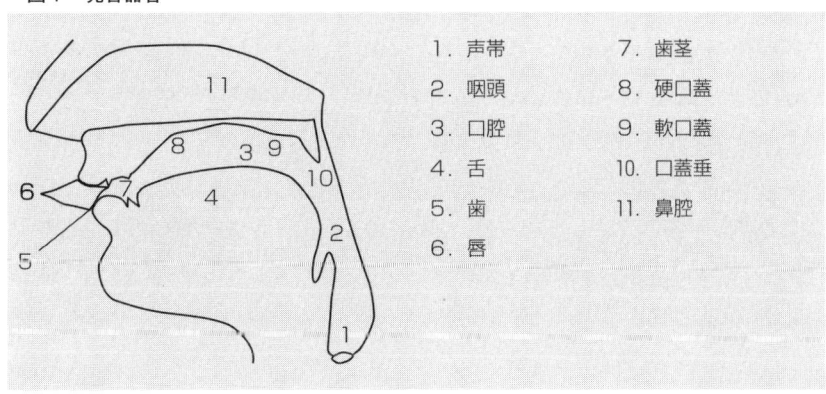

1. 声帯	7. 歯茎
2. 咽頭	8. 硬口蓋
3. 口腔	9. 軟口蓋
4. 舌	10. 口蓋垂
5. 歯	11. 鼻腔
6. 唇	

基本的な発音法を説明すると以下のようになるでしょう．

【1】発音の過程
　　a．横隔膜を上げて肺中の空気の圧力を上げる．

> b. 肺中の空気が圧力を受けて気管を通って声門にある声帯に達する．
> c. 声帯が閉じている場合はさらに圧力を上げて声帯を震わせる．開いている場合にはそのまま通る．
> d. 咽頭を通り，3. の口腔，11. の鼻腔に流れ込む．
> e. 口腔において舌，歯茎，歯，唇などの動きにより調音される．

　声を出すときには，吸い込まれた空気が肺を収縮させることにより肺から排出されます．その空気はまず図1の「声帯」に到達します．声帯はその名の表すように筋肉の帯（または膜）のようなもので，呼吸時には開いています．声帯の開閉は普通意識的に行うことはできませんが，「あ」と発音するつもりで，実際には音を出さずにそのままの状態でいると声帯は閉じたままで，続けると息苦しくなるはずです．閉じた声帯の下の圧力が十分に高くなると空気が漏れ始めると同時に声帯が振動します．この振動によって発生するのが「声」で，この「声」を舌や唇などの「調音器官」を使っていろいろな音色をもたせるのです．声帯を閉じた状態と開いた状態は音声の分類上でも大きな基準となります．まず，母音は基本的に声帯を振動させて発音します．子音は2つのタイプがあり，声帯を振動させる音と開いた音はそれぞれ「濁音」，「清音」と呼ばれます．濁音は濁点の付く音でこれらは「声帯を震わせる」子音の中でも「ガ」，「ザ」のような「閉鎖音」，「摩擦音」を含む「阻害音」と呼ばれるグループの音です．音声学的には「清音」でもラ行音のように「声帯を震わせて」発音する音はあります．濁音，清音は音声学的には「有声音」，「無声音」という区別がなされ，前者は声帯の震えをともなう音，後者はともなわないものです．/p/，/s/，/h/ などは無声音で，/b/，/z/，/r/，/n/ などは有声音ということになります．

　声帯は，声の高さ（ピッチ）にもかかわります．声帯は，楽器の弦と同じで（英語では vocal cords と呼びます），緊張度が上がれば高いピッチの音になります．このピッチの変化は，アクセントやイントネーションを表すのに用いられています．アクセント・イントネーションに関しては3章で扱うことにします．

2.2.2. 母音と子音

音声を語るときに一般に「母音」,「子音」という区別をしますが,母音と子音とはどのような違いがあるのでしょうか. まず言語音はどのように生み出されるかをもう一度考えてみましょう.

発音上母音と子音を区別することはそれほど簡単ではありませんが,「ア」,「オ」のような母音は声帯の振動によって生まれた「声」が口中で比較的邪魔されることなく外に出て行く音といえるでしょう. つまり,調音器官によって空気が止められたり,狭められたりしない音ということです. しかしこの定義はかなり大まかなもので実際には「イ」などの母音はかなり舌によって空気の通り道が狭められている場合もあります. このように実際に音声的に子音と母音を区別することは容易ではありません. 日本語の場合は五十音表のア行音で,「子音との組み合わせがない音」と考えてもいいでしょう. これに対して,子音は口中の阻害が大きい音ということになります. /p/ や /s/ のように肺からの空気が「止められたり,狭められたり」する音ということです. 日本語では,子音は母音と組み合わされてはじめて発音可能で, /k/ や /s/ のような単音は日本人にとって発音するのはかなり困難です. 本来単音を表す文字もローマ字以前は存在していませんでした. 仮名は母音や子音と母音の組み合わせである「音節」を表しているのです. 子音と母音の組み合わせは,人間にとってもっとも発音しやすい形だといわれています.「パ」(/pa/) は一度空気を両唇で止めて次に開放するという形で発音されます.「サ」[sa] は歯茎と舌先で空気の通り道を狭め次に広げるという発音方法です. このように基本的には「閉」(子音)「開」(母音)の繰り返しが発音しやすいのです.

2.2.3. 日本語の母音

日本語の母音は「あいうえお」の5母音です. 5母音を使う言語は多く最も一般的な母音数といえます.

【2】日本語の母音

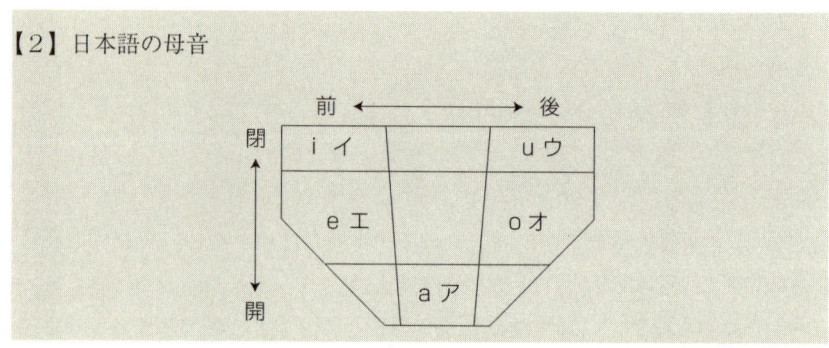

【2】は日本語母音の表ですが，発音されるときの口中の舌の位置を表しています．横軸は口中の前後を表し，縦軸は口の開き方を表しています．/i/（イ）は口がわずかに開いた状態で舌の両脇を歯茎に向けて押し付け舌の中央部分の溝から空気を開放する音です．この音から段々口を開いていくと，/e/（エ）の母音になります．口は半開きで舌の後部は少し盛り上がり，前部は下がります．この音よりも口を開くともっとも口を開いた母音 /a/（ア）になります．/o/（オ）の発音は（エ）と口の開き方は同様ですが，唇を丸め舌を後部に引き上げ，前部を下げて口中に広い空間をつくります．/u/（ウ）はさらに歯がふれる程度に顎を上げ，舌は（オ）と同様です．唇は一般に考えられているように丸める必要はなく，比較的唇は緊張させずに発音します．また，「ウ」は図のうえでは口の奥の音となっていますが，英語の /u/ と比較すると少々前に移動した音です．東北方言では中舌母音となる発音もあります．

　母音の発音にかぎらず単音は限定された口中の位置，唇の形で発音されないと認識されないというものではありません．私たちはある音の範囲に入っていればその音と認識してしまいます．すでに述べたように，「あー」の発音は，ため息をつく場合と歌声の場合とでは口の開き方，舌の位置，唇の緊張度がかなり異なります．しかし，これらの違いは「無視」されて違う母音とは認識されません．「行く」の最後の「ウ」も場合によってはかなり口を開いて発音されることもあります．しかしこれらのバリエーションは特定の文脈によって現

れる発音で，それを目的発音にすべきではありません．また，だらしのない発音に聞こえる危険性もあります．最近の若者発音では特に語末の高母音が下がる傾向にあるので，特に注意が必要です．

2.2.4. 母音の弛緩

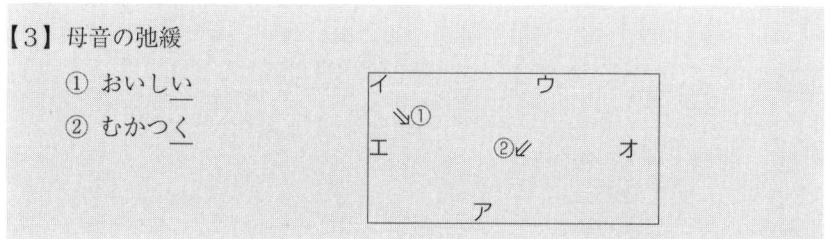

【3】母音の弛緩
① おいしい
② むかつく

【3】の図にあるように，最後の母音「イ」「ウ」はそれぞれ矢印の方向に口を開く発音が若い世代中心に聞かれます．特に「ウ」の場合は口の中心あたりの発音でもっとも緊張のない発音となっています．

この例以外に，特に口語や方言に見られる現象で，二重母音の長音化があります．

【4】二重母音の長音化
a. スゴイ → スゲー
b. イタイ → イテー

これらの表現は若者のみならず，口語表現ではかなり頻繁に耳にしますが，俗語的な響きもあるので，二重母音の発音を心がけるといいでしょう．

2.2.5. 長音・二重母音

2.2.5.1. 長音

日本語における長母音は，長く音を引くということから「引き音」とも呼ば

れます．引き音は「ー」(あるいは母音文字)で表され，促音，撥音とともに1音節をなし，独立した発音単位として表記されていますが，実際には長母音として発音されています．母音の長さは言語によってその果たす機能が違います．英語や中国語では母音の長さは基本的にアクセントによって変化するなど本質的な母音特徴ではありません．しかし，日本語では母音の長さは直接意味の区別にかかわってきます．

【5】長音と意味
　　a．トリガ　　（鳥が）　　トリイガ　　（鳥居が）
　　b．アル　　　（有る）　　アール　　　（R）

【5. a】の「トリイ」と「アール」とでは表記法が異なっています．引き音(ー)の場合は前の母音をそのまま伸ばした発音ですが，「イ」の発音は前の「リ」との間に「切れ目」を感じる人もいるかもしれません．この「切れ目」は「声門閉鎖音」と呼ばれる音（促音と同じ音）を挿入して，前の母音との間に音節の「切れ目」を入れることです．たしかにそのような発音は可能です．しかし，自然な発音では「リ」と「イ」の間に声門の閉鎖あるいは狭窄は見られません．【5. a, b】では母音の長さのみが意味の区別を行っています．

このような語彙における意味の違いを表す機能以外に，長音は「強調」を表すためにも用いられます．

【6】長音と強調
　　a．すごい　　→　すごーい
　　b．おいしい　→　おいしーい
　　c．くだらない　→　くだらなーい
　　d．はやく　　→　はやーく

【6】の例にあるように，長音を強調に使う場合その本質から形容詞，副詞を使った表現が多いようです．また長音化する位置も語尾の前の母音が長くなるようですが，その他の母音を長くして強調することも場合によってはあるようです（おーいしい，くーだらない）．動詞でもこのような強調が見られます．

【7】動詞の強調形
   （通常形） （強調形）   （例）
  a．はしる → はしーる （いや，この車はしーる，走る）
  b．たべた → たーべた （本当に，たーべたね）（食べた）

しかし，名詞ではあまりこのような強調形は見られないようです．

【8】
  a．＊つーくえ （机）
  b．＊ほんだーな （本棚）

         （語の前の＊印は間違った形を表わす）

強調は1母音の長音化に限られているわけではなく，すべての母音を長音化する場合もあります（「はーしーるー：走る」など）．

2.2.5.2. 短母音と「つまる音」

日本語では，母音の長さは意味の区別に大きな役割を果たします．したがって短母音ははっきりと「短い」ことを表さなければなりません．英語では長さの違いは日本語ほど重要な要素ではないと述べましたが，英語も過去には日本語と同様長さの区別がありました．現在でもその特徴はいくつか残っています．pet, sit, cat などの単語の母音は本来短母音です．これらの母音は次に子音がないと発音されません．これらの例は単音節語ですが，必ず最後に子音がきています．英語には 'pe' や 'si' という単語はありません．これは子音によって

母音の長さを「抑止」しているからです．これらの「短母音」は，文字通り「抑止母音」と呼ばれます．

日本語も同様の方法で母音の長さを抑止しています．短母音の後に子音がくる場合は問題ありませんが，次のような語ではどうでしょう．

【9】短母音と長母音
 　　（短母音）　　　　　　（長母音）
 　　a. キ　（木）　　　キー　（キー：鍵）
 　　b. カ　（蚊）　　　カー　（カー：車）
 　　c. シソ（紫蘇）　　シソウ（—）（思想）

【9】の例は母音の長さのみで語の意味の違う語の組み合わせです．短母音で終わる語ではその「短さ」を表すためにすでに述べた「声門閉鎖音」（促音）を用いています．この音を用いることで母音の長さを「抑止」することができます．またこの「ッ」はあまり実体のない音で，特に語末の位置では認識されることはありません．したがって【9.a】は細かな表記にすれば「キッ」ということになります．

2.2.5.3. 二重母音と連母音

連続する母音を表す言葉に，二重母音と連母音があります．二重母音とは1音節中で音色が変化する母音のことで，/ai/，/ei/，/au/ など，開口の大きい母音から小さい母音（/i/, /u/）に移る母音です．これに対して連母音は /ie/，/oa/，/uo/ などのように狭い母音から広い母音に移るもので，この場合それぞれの母音は独立しています．

【10】
 　　（二重母音）
 　　a. サイン　/sain/　（サイン）

```
b. コイ    /koi/   (鯉)
c. コウ    /kou/   (請う)
(連母音)
d. キエ    /kie/   (帰依)
e. ウオ    /uo/    (魚)
f. コア    /koa/   (コア)
```

例【4】にもあげたように，二重母音は長母音として発音されることがしばしばあります．

【11】二重母音の長音化
```
a.「アイ」/ai/ → 「エー」[e:]  （フカイ → フケー）(深い)
b.「オイ」/oi/ → 「エー」[e:]  （シロイ → シレー）(白い)
c.「エイ」/ei/ → 「エー」[e:]  （エイゴ → エーゴ）(英語)
d.「オウ」/ou/ → 「オー」[o:]  （ソウ  → ソー）(層)
```

これらの発音は，ていねいさを欠くので正しい二重母音発音を心がける必要があるでしょう．しかし，【11.c】と【11.d】は長音発音の方が一般的なのであえて二重母音発音にする必要はないでしょう．

はっきりとわかりやすい母音発音をするためには母音同士の距離を保つ必要があります．次の例を発音し母音の舌の位置を確認してみましょう．

【12】
A
```
a. イ － エ － ア － オ － ウ
b. ウ － オ － ア － エ － イ
(語例)
c. 意思 － 壊死 － 葦 － 押し － 牛
```

d. 買う － 顔 － 川 － 代え － 買い

B
a.「イー」:「イ」
b.「エー」:「エ」
c.「アー」:「ア」
d.「オー」:「オ」
e.「ウー」:「ウ」
（語例）
f. キ（木）: キー, エゴ:エーゴ（エイゴ）, ハト:ハート, コシ（腰）:コーシ（格子）, フシ（節）:フーシ（風刺）

C
a. アイ － エイ － オイ
b. アウ － オウ
c. イア － オア － ウア
（語例）
d. イイ（良い）－ エイ（エイ）－ アイ（愛）－ オイ（おい！）－ クイ（杭）

2.2.6. 母音交替

母音はいろいろな条件下で変化をしますが，語同士が結合した場合にも母音変化が起こります．

【13】複合語の母音変化

/e/ → [a]
a. /ine/（稲） ＋ /ho/（穂） → [inaho]（稲穂）
b. /koe/（声） ＋ /taka/（高） → [kowadaka]（声高）
c. /kane/（金） ＋ /kiri/（切り） → [kanakiri]（金きり）
d. /ake/（明け） ＋ /isi/（石） → [akasi]（明石）

なぜこのような母音交替が起こるのかというと，複合語の結合を表すためではないかと考えられます．【13.a】を「いね」「ほ」と発音すると，それぞれの語の独立性が増し1語とは感じられなくなります．複合語を表すには，これ以外にもアクセントを使う方法もありますが，このことは3章でふれます．

これらの母音交替はすべての母音に起こるわけではなく，また同じ語でも起こらないこともあります（あけ＋かた → あけがた：明け方）．複合語以外に動詞の変化にも同様の母音交替が見られます．

【14】動詞の母音交替
    a．/tukeru/ 漬ける → [tukaru] 漬かる
    b．/ageru/ 上げる → [agaru] 上がる
    c．/kaeru/ 変える → [kawaru] 変わる
    d．/atatameru/ 温める → [atatamaru] 温まる

母音による文法項目の変化は他言語にも見られ，英語では food ↔ feed（食べ物，食べ物を与える）などの例があります．ちなみに【13.b】，【14.c】では一方に [w] が入っています．これはワ行音の音変化の結果「ワ」のみが残りイ段以下では [w] が脱落し母音のみになってしまったからで，本来は [we] という発音でした．

2.2.7. 消える母音（無声化と脱落）

標準日本語では特定の環境で母音が「無声化」を起こすことがあります．この現象は「母音の無声化」と呼ばれています．「無声化」というのは母音の発音を声帯を震わせずに行うことでけっして音が消失する「脱落」ではありません．

【15】母音の無声化
    a． す き　　[suki]　　（好き）
    b． し き　　[siki]　　（式）

c. つ̊くし　　［tu̥kusi］　　（土筆）
　　　d. ち̊そう　　［ti̥so:］　　（ご馳走）
　　　　　　　　　　　　　　　　　　　（［i̥］：は無声化母音を表す）

　【15】の語はすべて語頭の母音が無声化します．また次のような場合にも無声化が起こります．

【16】語末の無声化
　　　a. かし̊　　［kasi̥］　　（菓子）
　　　b. はれつ̊　　［haretu̥］　　（破裂）
　　　c. かく̊　　［kaku̥］　　（書く）
　　　d. かくす̊　　［kakusu̥］　　（隠す）

　□で囲んである文字は母音が無声化しています．【15】では語頭あるいは語中，また，【16】では語末の位置での無声化の例です．この現象は前後の子音が引き金になっています．【15】の無声化母音の前後の子音を観察すると，声帯を震わせない「無声音」であることがわかります．これら「無声子音」に囲まれた母音が無声化を起こすといっていいでしょう．また，語末の位置でも前の音が無声子音です．母音に注目するとすべて「イ」「ウ」の２母音です．このことから次のような法則が考えられます．

【17】無声化の法則
　　　「高い母音が無声子音間または語末の位置にきた場合無声化を起こす」

　無声化は回りの音と特徴を同じにして発音を楽に行う方法の１つです．したがって，あえて無声化を起こさずに発音すると外国人発音のような不自然な発音になってしまいます．

　無声化が脱落に結びつくこともあります．

【18】母音の脱落
　　a．ど[く]きのこ　　[dokukinoko]→どっきのこ　[dokkinoko]（毒キノコ）
　　b．は[ち]ほん　　　[hatihoN]　　→はっぽん　　[happoN]　（八本）
　　c．すいぞ[く]かん　[suizokukan]→すいぞっかん[suizokkan]（水族館）
　　d．は[つ]せい　　　[hatusei]　　→はっせい　　[hasse:]　（発声）

　無声化された母音は明瞭な発音ではなく脱落しやすいといえます．母音が無声化した場合にはまだ母音が存在するわけですから子音と母音という音節の構造は保たれています．しかし，脱落してしまうと子音が連続してしまうことになります．日本語では基本的に子音連続はありませんが，促音便，撥音便は例外です．脱落が起こった場合その結果としての発音は【18】にあるような促音便ということになります．

2.2.8. 母音挿入

　日本語は五十音表からもわかるように子音＋母音を基本とした音節を発音の基盤にしています．したがって子音連続や音節末子音は基本的には存在しません．しかしいろいろな言語接触によって外国語から多くの言葉が流入することがあります．日本では中国語から漢字とともに多くの語が入ってきました．中国語は日本語とは違って子音で終わる音節が許されています．これらの音節は日本語の構造にあわせるために最後に母音が付加されました．また，英語やその他ヨーロッパ言語も多く日本語に入っていますが，特に英語は中国語と同様音節末子音，子音連続を許しています．ここでは英語の流入語を例に挿入母音を考えてみましょう．

【19】英語からの流入語
　　a．ロック　[rokku]　＜　rock
　　b．ブルー　[buru:]　＜　blue

c. トレイン [toreiɴ] ＜ train
d. ボード [boːdo] ＜ board
f. ジャッジ [jadʒi] ＜ judge
g. ブラシ [buraʃi] ＜ brush

【19】の例にあるように，子音連続の間や語末の子音の後に母音が挿入されています．挿入母音は「ウ」，「オ」，「イ」の3種類あることがわかります．これら3種の母音のうち「オ」と「イ」は特定の音の後にしか現れません．一方，「ウ」は「オ」，「イ」が挿入される場合以外の環境に現れます．一般に，挿入母音は本来音のないところに挿入されるわけですから，あまり目立った母音では問題が生じます．英語にも挿入母音がありますが，その母音は「あいまい母音」と呼ばれる非常に弱い母音です．この母音は口中の真中あたりで最も緊張させずに発音させる母音です．日本語において最も緊張のない母音は /u/ であると考えられます．すでに述べたように /u/ にははっきりとした唇の緊張はなく，調音位置も中舌方向に移動してこもったような音色になります．このような意味から，挿入母音に「ウ」が使われていると考えられます．「オ」は前の音が /t/ あるいは /d/ のときに使われます．日本語の場合イ段，ウ段の音に関しては子音と母音の組み合わせ方に他の母音と異なった制限があります．一般的挿入母音である「ウ」に関して考えてみると，タ行イ段は /ti/ ではなく，「チ」[tʃi]，ダ行では /di/ ではなく「ヂ」[dʒi] となります．つまり /t/, /d/ と「ウ」の組み合わせは日本語では許されていません．このような状況の場合後舌母音の [o] が使われるようです．「イ」の場合は前の音が /ʃ/, /ʒ/ など舌を持ち上げた子音のあとに挿入されます．これは「イ」の舌の位置と /ʃ/, /ʒ/ の位置とがほぼ同じだからだろうと考えられます．

2.2.9. 母音発音の注意点

日本語母音は母音体系としては単純です．したがって発音上難しい母音はないといっていいでしょう．しかし，2.2.4.【3】の例にもあるように，特に若い

世代で高い母音が口を開き気味に発音される傾向が見られ，また，2.2.5.3.【11】にあるような二重母音の長音化の傾向も顕著です．言葉というものは，標準語が唯一の形態ではありません．話す相手，状況によっていろいろと使い分けるのが普通です．したがって，ここに示したような若者発音をすべて否定するものではありませんが，標準的な発音を身につけることは重要なことであると考えます．

練習問題

1. 隣り合った母音の舌の位置を確認しながら発音しましょう．
   a．(/i/-/e/)　コイ － コエ　(鯉 － 声)　　タイ － タエ　(鯛 － 妙)
   b．(/e/-/a/)　カセ － カサ　(枷 － 量)　　カテ － カタ　(糧 － 型)
   c．(/u/-/o/)　イヌ － イノ　(犬 － 伊野)　　ハク － ハコ　(履く － 箱)
   d．(/o/-/a/)　タコ － タカ　(蛸 － 高)　　カソ － カサ　(過疎 － 傘)
   e．ハカ － ハキ － ハク － ハケ － ハコ　(墓－破棄－履く－刷毛－箱)
   f．カアー カイ － カウ － カエ － カオ　(カアー飼い－買う－香枝－顔)
   g．タル(樽) － タール　　チズ(地図) － チーズ　　サド(佐渡) － サード
   h．レン(連) － レーン　　ボシ(墓誌) － ボーシ(帽子)

2. 次の語を（　）内の語との発音上の違いに注意して読んでみましょう．
   声色(声)　　雨宿り(雨)　　爪先(爪)　　上向き(上)　　酒盛り(酒)
   金槌(金)　　胸毛(胸)　　目蓋(目)　　稲穂(稲)　　船盛り(船)　　白焼き(白)
   木漏れ日(木)　　火照る(火)

3. 次の外来語発音のどこに母音が挿入されているか考えてみましょう．
   a．ブルー　　スモール　　プリーズ　　グリーン　　シュリンプ
   b．ドリーム　　トレー　　ドロップ　　トロピカル　　ツイン
   c．ピッチ　　ブラシ　　ジャッジ　　キャッチ　　サッシ

2.3. 子音の発音

次に日本語の子音について考えてみましょう．母音と比較すると子音は数が多く，日本語では特に「異音」的な変化形が多く見られるので注意が必要です．

2.3.1. 日本語の子音

子音は口の中のいろいろな発音器官を使って，肺からの空気を妨げていろいろな音色に変化させます．母音と異なり，子音は単独で発音することはほとんどなく，母音と組み合わせて「音節」として発音します．子音は表3にあるように，発音の様式と発音する場所とで定義されています．日本語の子音は五十音表からもわかるようにカ行からワ行までの /k, s, t, n, h, m, j, r, w/ の9個ですが，これらのほかに「濁音」，「半濁音」，「拗音」があります．五十音表は日本語の本来の発音表で，濁音などの表にない音は後から付け加えられた音です．

五十音表のナ行を除くカ行からハ行までの音は「阻害音」と呼ばれ，特に子音の特徴を良く表している音で，このグループの音には濁点をつけることができます．ナ行，マ行は「鼻音」と呼ばれ，空気の流れは口からではなく鼻腔か

表3 日本語子音表

調音法＼調音点	両唇	歯, 歯茎	硬口蓋	軟口蓋 口蓋垂	声門
閉鎖音　無声	p	t		k	(ʔ)
有声	b	d		g	
摩擦音　無声	(ɸ)	s	ʃ		h
有声		z	ʒ		
破擦音　無声		(ts)	tʃ		
有声		(dz)	dʒ		
鼻音	m	n	(ɲ)	(ŋ)　N	
弾音		r			
半母音	w		j		

(　) は異音を示す

ら開放されます。これ以外のヤ行、ワ行は「半母音」のグループで、母音とよく似た特徴をもっています。ラ行は /r/ の記号を用いていますが、この音は音声学では /l/ とともに「流音」というグループをつくっており、「半母音」の扱いをする場合もあります。しかしながら、日本語のラ行音は表3にあるように「弾音」という分類をされます。この「弾音」は文字通り「弾く」音で軽い「ダ行」音のように発音します。英語の /r/ や /l/ とはかなり異なっており、どちらかというと閉鎖音に近い特性をもっています。

1.「閉鎖音」(/p/, /t/, /k/)

　カ行、タ行の子音「閉鎖音」は、肺からの空気をそれぞれ軟口蓋と歯茎のところで止めて、その後開放する音です。/k/ は舌奥を盛り上げ、軟口蓋につけそこで空気の流れを止めます。/t/ は舌先を歯の後ろの歯茎につけて空気を止めます。これら以外に半濁音と呼ばれる /p/ がありますが、この音は両唇を閉じる音です。

　閉鎖音として「声門音」/ʔ/ がありますが、この音は促音便「ッ」のことです。声門閉鎖音に関しては 2.3.5.「子音の交替」の項で詳しく述べます。

　/p, t, k/ はすべて無声音ですが、/b, d, g/ も調音法は同じで声帯を震わせると有声音となります。次の例を唇や舌の位置を意識しながら発音してみましょう。

【20】
　　a.「パ」/pa/　－　「タ」/ta/　－　「カ」/ka/
　　b.「ピ」/pi/　－　「キ」/ki/
　　c.「プ」/pu/　－　「ク」/ku/
　　d.「ペ」/pe/　－　「テ」/te/　－　「ケ」/ke/
　　e.「ポ」/po/　－　「ト」/to/　－　「コ」/ko/

　タ行イ段、ウ段音が欠けていますが、これらの音は「破擦音」に変化してい

るので 2.3.5. 項で扱います．次に有声閉鎖音の発音をしてみましょう．のど仏に手を当てて声帯が震えているか確認してください．

【21】
a. 「バ」/ba/ － 「ダ」/da/ － 「ガ」/ga/
b. 「ビ」/bi/ － 「ギ」/gi/
c. 「ブ」/bu/ － 「グ」/gu/
d. 「ベ」/be/ － 「デ」/de/ － 「ゲ」/ge/
e. 「ボ」/bo/ － 「ド」/do/ － 「ゴ」/go/

次に無声音と有声音の組み合わせを発音してください．無声・有声音を声帯の震えで確認してください．

【22】
a. 「パ」－「バ」　　「タ」－「ダ」　　「カ」－「ガ」
b. 「ピ」－「ビ」　　　　－　　　　　「キ」－「ギ」
c. 「プ」－「ブ」　　　　－　　　　　「ク」－「グ」
d. 「ペ」－「ベ」　　「テ」－「デ」　　「ケ」－「ゲ」
e. 「ポ」－「ボ」　　「ト」－「ド」　　「コ」－「ゴ」

【22】の両唇音の有声・無声の対応に注意してください．「タ」－「ダ」，「カ」－「ガ」の対応を比較すると対応関係が普通でないことがわかります．一般的には「ハ」－「バ」の対応のはずですが，音声学的には /b/ の無声音は /p/ になります．「濁音」に関しては次項で詳しく説明します．

2. 「摩擦音」(/s/, /z/, /h/)

次に摩擦音を見てみましょう．摩擦音はサ行，ハ行音です．日本語では摩擦音の音素は比較的少なく，/s/, /h/ の2音のみです．/s/ は歯茎摩擦音で，舌

先を歯茎に近づけて舌先と歯茎の間に狭い通路をつくります。この間を空気が通るときに風切り音に似た音を出します。/h/ は声門摩擦音で単に空気を出すような音です。呼吸音を「ハー」という表記で表すことからもわかるように「摩擦音」とされていますが，摩擦は非常に小さいです。/s/ には有声音 /z/ がありますが，/h/ にはありません。/h/ の有声音は実質的には「母音」になってしまいます。ではサ行音，ハ行音のリストを観察してみましょう。

【23】
a.「サ」[sa]　－　「ハ」[ha]
b.「シ」[ʃi]　－　「ヒ」[çi]
c.「ス」[su]　－　「フ」[ɸu]
d.「セ」[se]　－　「ヘ」[he]
e.「ソ」[so]　－　「ホ」[ho]

【23】の例ではいくつかの変化形が見られます。サ行ではイ段，ハ行ではイ段，ウ段音が音素形とは異なっています。このような変化形は「異音」と呼ばれ特定の環境にのみ現れる音です。この変化形に関しては次項で詳しく述べます。変化形の調音点を見てみましょう。

3.「異音」([ʃ], [ç], [ɸ])

これらの変化形は，すべて次の母音が舌の位置が高い「高母音」([i], [u]) の前に現れます。これらのうち [ʃ], [ç] は舌の位置の「高さ」が前の子音に影響する「同化現象」の結果舌が持ち上がって [s], [h] がそれぞれ硬口蓋音 [ʃ], [ç] になります。[ʃ] は拗音「シャ」「シュ」「ショ」，[ç] は「ヒャ」「ヒュ」「ヒョ」に含まれる子音です。[ɸ] は「フ」の子音で両唇を近づけてその間から摩擦音を出します。この音と他の母音を組み合わせると「ファ」「フィ」「フェ」「フォ」になりハ行音とは異なることがわかります。ちなみに [hu] を記号通りに発音する場合には唇は開いて少々丸めながら発音します。英語の

"who" の発音が近いかもしれません．

「シ」[ʃ] の発音は厳密には英語の [ʃ] とは少々異なり，唇の緊張は弱く，舌の中央の盛り上がり方も英語ほど強くありません．英語の "she" の発音はかなり口全体の緊張が強く，日本語で "C" を発音する場合とは音調が異なります．しかし最近ではこの緊張の強い [ʃ] の音が若者を中心に使われているようです．また，これとは逆に [ʃ] を使うべきところに [s] で発音するような傾向も見られます．[ʃ] でも [s] でもコミュニケーションを阻害することにはなりませんが，正しい発音をする必要はあるでしょう．

[s] には有声摩擦音 [z] があると述べましたが，この音には少々問題があります．意識としては [z] を発音しているつもりでも実際には破擦音 [dz] あるいは [dʒ] で発音しているのです．これらの音は本来「ツ」「チュ」の有声音ですが，有声摩擦音にも実際には使われています．詳しくは 2.3.2.「濁音」の項で説明します．

破擦音は音素として五十音に入っているわけではなく，各音素の「異音」として扱います．

4．「鼻音」(/m/, /n/, [ŋ])

鼻音は五十音表では「ナ行」，「マ行」にあたり，調音点は閉鎖音「タ行」(/t/)，「パ行」(/p/)，に対応します．日本語では，これらの他に撥音と呼ばれる口蓋垂鼻音「ン」(/N/) がありますが，撥音便に関しては「撥音，促音」の項で詳しく述べます．

「軟口蓋鼻音」[ŋ] は撥音便が軟口蓋閉鎖音 /k/ などの前にあるときに現れる「異音」です．したがってここでは両唇，歯茎鼻音を中心に説明します．鼻音はその他の子音と違い，空気を鼻腔に通して発音します．2.2.1.図1の軟口蓋あるいは口蓋垂と呼ばれる部分が鼻音と口音を分ける機能を果たしています．

軟口蓋が喉のうしろにつくと空気は口方向に流れ，離すと鼻腔に流れます．鼻音の場合は閉鎖音に対応するので「両唇」，「歯茎」の位置で空気は止められ，鼻腔に流れ鼻音が発音されます．これらの鼻音は「鼻子音」とも呼ばれます．

というのも「鼻母音」が存在するからです．鼻母音は肺からの空気が口，鼻の両方に流れる音です．

　鼻母音は，フランス語のように音素として意味の区別に役割を果しているような場合もありますが，日本語ではそのような機能は果たしません．この音は「鼻声」と呼ばれる音でもあり，「甘えるときに出す声」などと定義されているように，発話に特別のニュアンスや意味を加える役割を果たしています．最近では特に若い女性の間ですべての発音に鼻母音を用いるようなケースも観察されますが，緊張感のない発音に聞こえるので鼻音，口音の区別は明確にしたほうがいいでしょう．次に有声閉鎖音と鼻音を比較しながら発音してみましょう．

【24】
a.「バ」[ba] －「マ」[ma]　　f.「ダ」[da] －「ナ」[na]
b.「ビ」[bi] －「ミ」[mi]　　g.「ヂ」[dʒi] －「ニ」[ɲi]
c.「ブ」[bu] －「ム」[mu]　　h.「ヅ」[dzu] －「ヌ」[nu]
d.「ベ」[be] －「メ」[me]　　i.「デ」[de] －「ネ」[ne]
e.「ボ」[bo] －「モ」[mo]　　j.「ド」[do] －「ノ」[no]

　イ段音は多くの行で異音が見られますが，ナ行でもイ段は舌の位置が上がる口蓋音になっています．[ɲ]の記号は拗音「ニャ」「ニュ」「ニョ」の音を表しています．実際にはマ行音もイ段で舌の位置が上がっていますが，記号としては現れていません．しかし拗音「ミャ」「ミュ」「ミョ」の発音と同じです．

5.「ラ行音」
　ラ行音は音声学的には「弾音」という定義をされる音です．この音はダ行音に近いですが，「弾く」という表現からもわかるように舌先を軽く歯茎のうしろあたりに当てる音です．英語の /l/ は歯茎音ですが，舌先を歯茎に比較的長い間つけて発音しますし，/r/ では舌先は歯茎に触れません．英語音で最も近

い音は，アメリカ発音に見られる「フラッピング:flapping」音です。この音は「母音間の 't' (intervocalic 't')」ともいわれ，water などの 't' の発音のことを指します。母音に挟まれた 't' は周りの母音の影響で「弱い 'd'」のような発音になります。/d/ 音も母音に挟まれると同じフラッピングを起こします。Water の口語発音を「ワラ」などと表記することがありますが，日本語のラ行音とフラップ音との類似性をよく表しています。また，ラ行音はダ行音と類似しているので，言語習得の段階ではよく混乱が見られ，「ライオン」を「ダイオン」とする幼児発音もあります。しかしダ行音の場合は舌先の比較的広い「面」が歯のすぐ裏の歯茎に付く音です。ラ行音の特徴は「あらっ？」っと驚いたような発音をしてみると舌先の付く位置や瞬間的な音であることが確認できるでしょう。ダ行音との違いを確認するために比較しながら発音の練習をしてみましょう。

【25】
 a. タラタラ－タダタダ，　ランラン－ダンダン，　オロオロ－オドオド
 b. ラック－ダック，　リスク－ディスク，　レイト－デイト，
　　ロック－ドック

6．半母音

最後にヤ行，ワ行の半母音を見てみましょう。「ヤ」/j/ 音は「イ」の母音をさらに舌を上げて子音化した音です。また，「ワ」は母音「ウ」よりも唇を丸めた音です。ヤ行，ワ行では母音との組み合わせが非常に制限されており，それぞれ「ヤ，ユ，ヨ」，「ワ」の音節しかありません。ヤ行音では母音「イ」，「エ」との組み合わせはありませんが，最近では「イェイ」（英語の間投詞 yeah）などの発音に使われることもあります。ワ行音は元来その他の母音との組み合わせもあり，それらの音を表す「ヰ：ゐ」（[wi]），「ヱ：ゑ」（[we]），「ヲ：を」という文字も使われていました。このうち「を」は現在でも使われていますし，実際に [wo] という発音も多く耳にします。また，「ウェ」に関

しても英語教育の普及で発音可能になりつつあるようですし,「ウェット」などの外来語表記もしばしば目にします.実際には[wetto]という発音と「ウエット」[uetto]の両方の発音があります.英語ではこのような制限はなく,ヤ行では,[ji](year)や[ye](yes)などの発音が可能です.これらの語は日本語に入っていますがそれぞれ「イヤー」,「イエス」というように母音で対応しています.またワ行音の外来語ではweは「ウイー」,wentは「ウエント」,woodは「ウッド」のように母音「ウ」が使われます.このように半母音は発音上母音と似ているので,次の【26】の半母音のある場合とない場合の発音を対比しながら,発音確認をしてみましょう.

【26】
 a. タイヤ   タイア
   ユメ   ウメ
   トミヨ   トミオ
   (イェイ)   イエイ
 b. ワタシ   アタシ
   ホシヲ   ホシオ(星男)
   (ウェット) ウエット

2.3.2. 濁音

 濁音,清音の区別は音声学的には「有声音」,「無声音」の区別ですが,有声音にすべて濁点がついているわけではありません.濁点がつくのは「閉鎖音」,「摩擦音」,「破擦音」です.2.3.1.表3にもあるように,これらの音には清濁の区別があります.すでに述べたように五十音表は日本語発音の基本ですが,表には濁点の付いた音はありません.このことは日本語においては過去には清濁の区別がなかったことを示しています.現在でも「行く」を「いぐ」と発音する地方もあります.また,韓国語でも阻害音の有声・無声の区別はありません.位置によって有声音になったり無声音になったりします.しかし現在の日

本語では濁点の有無は意味の区別とかかわりますから（クラス・グラス），発音上ははっきりと区別する必要があります．

【27】
a．「カ行」-「ガ行」
カス(粕)-ガス，キン(金)-ギン(銀)，フサク(不作)-フサグ(塞ぐ)，ケリ(蹴り)-ゲリ(下痢)，コマ(駒)-ゴマ(胡麻)

b．「タ行」-「ダ行」
タイ(鯛)-ダイ(台)，チク(地区)-ジク(軸)，カツ(勝)-カズ(数)，テル(照る)-デル(出る)，トラ(虎)-ドラ(銅鑼)

c．「サ行」-「ザ行」
サイ(犀)-ザイ(財)，アシ(足)-アジ(味)，ス(酢)-ズ(図)，セッタイ(接待)-ゼッタイ(絶対)，ソウリ(総理)-ゾウリ(草履)

d．「ハ行」-「バ行」
ハック(八苦)-バック，アヒル(家鴨)-アビル(浴びる)，フ(麩)-ブ(部)，ヘンキョウ(辺境)-ベンキョウ(勉強)

　清音と濁音は，その音印象も異なっているようです．清音（無声阻害音）と濁音（有声阻害音）とでは発音するときの必要なエネルギーが異なります．濁音を発音する場合には声帯を震わせるのにエネルギーを使いさらに口腔で阻害を受けるわけですから肺からの圧力は清音よりも大きくしなければなりません．したがって発音自体も「大変な」，「粗い」あるいは「不快な」という印象があるようです．

　日本語は擬声語，擬態語の多い言語といわれていますが，この擬声語，擬態語は多くの場合清音形と濁音形があり，前者のほうが軽く清らかな感じで，後者は大きく，不快な印象です．

【28】擬声語・擬態語

	（清音形）	（濁音形）
a.	コロコロ	ゴロゴロ
b.	クルクル	グルグル
c.	ポロポロ	ボロボロ
d.	トントン	ドンドン
e.	サラサラ	ザラザラ

　このように清音と濁音は語の意味を区別する以外にもニュアンスの違いを表したりもします．すでに述べたように日本語では過去には清濁の区別はなく，したがって，清濁は，【28】の例が示しているようにどちらかというと音の印象の違いを表す機能のほうが大きかったようです．
　濁音は語の構造を表す機能ももっています．**連濁**という現象が日本語にはありますが，これは2語を組み合わせ新しい語をつくる合成語に現れ，2番目の語の最初の清音が濁音に変わる現象です．

【29】連濁

a. フデ（筆） ＋ ハコ（箱） → フデバコ
b. ハチ（蜂） ＋ トリ（鳥） → ハチドリ
c. トウ（唐） ＋ カラシ（辛子）→ トウガラシ

　これらの濁音化は合成語の2つの要素が結びついていることを表しています．濁音化が起こらない場合，【29】はそれぞれ「フデハコ」，「ハチトリ」，「トウカラシ」となり，それぞれの要素が独立した語のように感じられます．濁音化とは音声学的には有声化のことで，母音に挟まれた清音（無声子音）が有声子音になることです．前後の母音の声帯の震えがそのまま子音の発音にも持ち越されてしまう現象です．連濁を起こさずに発音した場合にそれぞれの要素が独

立していると感じられるのは声帯の震えが断ち切られるためにそこに語の「切れ目」が感じられるからです．

連濁にはいくつかの制限があり，次のような場合には起こりません．

【30】
    a．ザル ＋ ソバ → ザルソバ   *ザルゾバ
    b．アイ ＋ カギ → アイカギ   *アイガギ （合鍵）
    c．ヒジ ＋ テツ → ヒジテツ   *ヒジデツ （肘鉄）

【30】の例を見ると【29】で起こったような連濁が起こっていません．【30】では複合語の第一要素，第二要素いずれかにすでに濁点がついていることに気づくでしょう．このように，どちらかの要素にすでに濁音がある場合連濁は起こりにくく，特に第二要素に濁音がある場合はほとんどありません．また次のような例でも連濁現象は見られません．

【31】
    a．ニュウガク ＋ シケン → ニュウガクシケン
                                  *ニュウガクジケン（入学試験）
    b．ドウロ ＋ コウジ → ドウロコウジ
                                  *ドウロゴウジ（道路工事）
    c．トウキョウ ＋ タワー → トウキョウタワー
                                  *トウキョウダワー（東京タワー）
    d．ねんまつ ＋ セール → ネンマツセール
                                  *ネンマツゼール（年末セール）

【31】は漢語を含む外来語が使われている例ですが，これらの合成語でも連濁は起こっていません．濁音（有声音）と清音（無声音）が音素的な（意味の区別にかかわる）違いである言語から流入した語では，濁音化はその語の意味を

不明確にしてしまいます (「ゴウジ」, 「ダワー」など). また連濁は文法構造を表す手段にも使われることがあります.「尾」+「鰭」は「オヒレ」(尾ひれ) と「オビレ」「尾鰭」の2つの発音が可能ですが, 前者は「尾」と「鰭」, 後者は「尾」の「鰭」の意味になります. これらの例からも日本語では清濁は過去には意味の区別には役立っていなかったことがわかります.

2.3.3. 半濁音

半濁音はパ行音のことで, 子音表の「無声両唇閉鎖音」に当たる音で「バ行」音と同様ハ行音と対応します. 半濁音は歴史的にはハ行音の前の形で /p/ が /h/ に変化して現在の形になりました. 半濁音は現在では音素として機能しているものの, 主に擬声語, 擬態語あるいは外来語につかわれているのみで, 音素としての独立性は低いといえます. ハ行, パ行の音は同音と感じられ, 状況によって交替して現れます. 本来変化して一般的に使われなくなってしまった半濁音は外来語が流入することにより表記上必要になり再び使われるようになり, 現在にいたっています.

【32】

A. [h] − [p] 交替・擬声語, 擬態語
　a. イッパン ← イチ(一) ＋ ハン(般)
　b. ロッポン ← ロク(六) ＋ ホン(本)
　c. パンパン
　d. プー

B. 外来語
　　パーティー　　ピンク　　プール　　ページ　　フルーツポンチ

【32. A. a, b】では /h/ → [p] の交替が見られますが, この現象は母音 /i, u/ の脱落によって生まれた子音連続の結果生じたものです. 促音化は (一 ＋ 心

→ イッシン）など他の例にも見られます．ハ行音の促音化は発音がかなり困難なので容易な閉鎖音が使われています．

2.3.4. 拗音

英語の話者が日本語音声を学ぶ場合，母音，子音の発音は比較的問題になりません．というのも，日本語の単音は比較的発音が単純だからです．しかし，なかには発音が難しいものもあります．その１つが拗音です．拗音は本来日本語にはありませんでしたが漢字を取り入れたときに流入したもので，「キ」「ギ」「シ」「ジ」「チ」「ニ」「ヒ」「ビ」「ピ」「ミ」「リ」などの直音（拗音でない音）に半母音「ャ」[j]，「ワ」[w]を加えた音です．このうち「ワ」は「グワ」，「クワ」など現代仮名遣いでは使われていないので，ここでは「ャ」を中心に見てみましょう．拗音に使われる半母音は，音声学では「渡り音」とも呼ばれ１つの音から次の音に移るときに現れる音です．このような音連続は，英語話者には難しいようで，「ビョウイン（病院）−ビヨウイン（美容院）」の区別ができないことは日本語教師の間で有名な例です．その他にも「トウキョウ（東京）→トキヨ [tokijo]，[tokio]」のような発音変化が見られます．では次の拗音の例を直音と比較しながら発音してみましょう．

【33】拗音
- a. キャ，キュ，キョ　　ギャ，ギュ，ギョ
- b. シャ，シュ，ショ　　ジャ，ジュ，ジョ
- c. チャ，チュ，チョ　　（ヂャ，ヂュ，ヂョ）
- e. ニャ，ニュ，ニョ
- f. ヒャ，ヒュ，ヒョ　　ビャ，ビュ，ビョ　　　ピャ，ピュ，ピョ
- g. ミャ，ミュ，ミョ
- h. リャ，リュ，リョ

拗音は行としては完全ではなく，「イ段」，「エ段」の音節はありません．

【33】の拗音「ャ」は「イ段」音についていることからもわかるように，舌の位置が上がる口蓋化音で，前舌母音（[i]，[e]）との組み合わせは存在していません．また，濁音の項で述べたように「ジャ」と「ヂャ」は発音上は同じです．次の拗音・直音の例を発音練習してみましょう．

【34】
```
a. キャット      －  カット
b. キュー（9）   －  クー（食う）
c. ギャーギャー  －  ガーガー（擬声音）
d. シャショウ（車掌） － シャソウ（車窓）
e. ジョウゲ（上下） － ゾウゲ（象牙）
f. オモチャ（玩具） － オモチヤ（御餅屋）
g. ミョウ（妙）  －  ミヨウ（見よう）
h. アリャ（ありゃ？） － アラ（あらっ？）
```

2.3.5. 子音の交替

日本語では多くの音素が環境によって異なった発音になります．特にイ段，ウ段音は子音に舌の持ち上がる口蓋化が起こりやすく多くの変化形が見られます．

1．無声阻害音（閉鎖音・摩擦音）

サ行，タ行，ハ行ではイ段，ウ段での口蓋化が顕著です．それぞれの異音形を見てみましょう．

	サ行	タ行	ハ行
イ段	「シ」[ʃi]</si/	「チ」[tʃi]</ti/	「ヒ」[çi]</hi/
ウ段	－	「ツ」[tsu]</tu/	「フ」[ɸu]</hu/

これらすべての例で口蓋化が起こっていますが，タ行ではそれに加えて閉鎖音 [t] が破擦音 [tʃ]，[ts] になっています．このうち [tʃi] は拗音「チャ，チュ，チョ」の子音と同音です．また，ハ行イ段の「ヒ」も拗音「ヒャ，ヒュ，

ヒョ」と同じ子音です。「フ」は舌が持ち上がるだけでなく，唇も狭める音です。

2．有声阻害音

日本語の有声阻害音（濁音）は音素－異音の関係がかなり複雑です。各行の異音形を見てみましょう。

ⅰ．（バ行）

バ行音はすでに述べたようにハ行音の濁音です。2.3.1.表3の子音表でもわかる通り /b/ の清音（無声音）は /p/ になります。したがって本来の対応は「パ行」-「バ行」ということになります。

ⅱ．（ザ行）

ザ行音はサ行音の濁音ですからサ行同様「摩擦音」のはずです。しかし現在の日本語ではザ行音はすべて破擦音で発音されるのが一般的です。イ段，ウ段では口蓋化が起こってそれぞれ「ジ」（[dʒi]），「ズ」（[dzu]）となります。

ⅲ．（ダ行）

ダ行音はタ行音の濁音で「有声歯茎閉鎖音」になります。ダ行音もイ段，ウ段で口蓋化と破擦音化が起こってそれぞれ「ヂ」（[dʒi]），「ヅ」（[dzu]）になります。ザ行音とダ行音はイ段，ウ段で仮名表記は異なるものの，発音上の違いがなくなってしまいます。

【35】

「ハ行」/h/ -	「パ行」/p/ -	「バ行」/b/	「サ行」/s/ -	「ザ行」/z/
[ha]	[pa]	[ba]	[sa]	[dza]
[çi]	[pi]	[bi]	[ʃi]	[dʒi]
[ɸu]	[pu]	[bu]	[su]	[dzu]
[he]	[pe]	[be]	[se]	[dze]
[ho]	[po]	[bo]	[so]	[dzo]

「タ行」/t/	- 「ダ行」/d/
[ta]	[da]
[tʃi]	[dʒi]
[tsu]	[dzu]
[te]	[de]
[to]	[do]

（／／は音素を表す）

3．鼻音（ナ行音，撥音）

鼻音ではナ行イ段に「ニ」（[ɲi]）があるのみですが，撥音便（口蓋垂鼻音）「ン」には多くの異音があります．撥音便は促音便とともに日本語では例外的に子音の前に現れます（「アンタ」[aɴta]）．特に「閉鎖音」，「鼻音」の前に現れると同化作用から調音点が変化します．

【36】
a．アンピ　　　/aɴpi/　→　[ampi]　　（安否）
b．アンタ　　　/aɴta/　→　[anta]　　（あんた）
c．アンカ　　　/aɴka/　→　[aŋka]　　（行火）
d．アンナイ　　/aɴnai/　→　[annai]　（案内）
e．サンミ　　　/saɴmi/　→　[sammi]　（三位）

また撥音（口蓋垂鼻音）[ɴ]がその他の子音，母音あるいは語末にきたときには前の母音にかかり鼻母音として発音されることがあります．

【37】
a．アンシン　　/aɴʃiɴ/　→　[ãʃĩ]　　（安心）
b．コンイン　　/koɴiɴ/　→　[kõĩ]　　（婚姻）
c．ウンエイ　　/uɴei/　→　[ũe:]　　（運営）

d．エンショウ　/enʃou/　→　　[ẽʃoː]　　（炎症）

　4．促音

「ッ」の文字で表される促音は 2.3.1. 表 3 にもある通り，「声門閉鎖音」と定義され，声門を閉じて息を止めておく「音」です．表記上「ッ」で表される場合以外にも非常に多く使われている音でもあります．たとえば母音「ア」を発音する場合にはあまり意識されていませんが，この「ッ」から始まるのが一般的です．したがって「ア」の発音は実際には「ッアッ」（[ʔaʔ]）となり，促音－母音－促音の連続で発音されています．人が発音をするときに最も好まれる音節の形は子音－母音の組み合わせといわれています．音節が母音で始まる場合この形に合わないので，ほとんど意識されない閉鎖音「ッ」を入れて形を整えるのです．また，母音後の促音は母音の長さを整える機能をもっています．2.2.5.2. で述べたように，母音の長さは日本語では意味の違いに結びつきますから音を「切る」必要があるのです．促音は撥音同様音節の最後にくることのできる子音で次の音節が子音の場合子音連続が生じます．このときに促音はいろいろな形に変化します．本来声門で発音する音なのでそれ以外の調音器官の形はまったく自由なので同化が起こりやすい音といえます．

【38】促音の異音
　　　a．アッタ　　　[atta]　　（あった）
　　　b．イッピ　　　[ippi]　　（一臂）
　　　c．イッキ　　　[ikki]　　（一機）
　　　d．ヒッシ　　　[çiʃʃi]　　（必死）
　　　e．イッソウ　　[issou]　　（一層）

　【38】にあるように，促音「ッ」は次の子音と完全に同じ子音として発音されます．/t/，/p/，/k/ のような閉鎖音の前にくる場合は実際に音は聞こえず，1 拍分息を止める「音」となります．このとき同時に声門も閉じています．サ

行音のような摩擦音の場合は音が1拍分前に伸びる感じです．促音は起こる環境が決まっていて，次のような例は基本的にはありません．

【39】
 a．*トッダ [todda]
 b．*サッビ [sabbi]
 c．*カッジ [kadʒʒi]
 d．*カッナ [kaʔna]
 e．*アッラ [arra]

【38】，【39】の例からもわかるように「ッ」はカ行，タ行，パ行，サ行音の前に限られています．比較のために次の副詞の例を見てみましょう．

【40】
 a．チョッピリ ノンビリ
 b．スッカリ   コンガリ
 c．バッサリ   ウンザリ
 d． －   ホンノリ
 e． －   ヤンワリ

このように，促音は無声阻害音の前に現れるわけですが，外来語の例ではいくつか例外的に有声阻害音の前にくることもあります．

【41】
 a．バッグ
 b．ベッド
 c．ジャッジ

これらの例でも，実際の発音では多くの場合最後の子音が清音で発音されます（バッグ→バック，ベッド→ベット）．

促音便は1拍分を子音のみで発音しなければなりません．この意味で最も促音便が現れやすいのは閉鎖音の前です．【38. d, e】にもあるように，摩擦音の前にも現れますが，その他の子音と促音の組み合わせは，基本的にありません[3]．

【42】
　　a．*あっら
　　b．*いっわ
　　c．*しっや

促音＋摩擦音の連続でも，場合によっては摩擦音が閉鎖音，破擦音に変化して発音される場合もあります．

【43】
　　a．あか ＋ はじ　あかっぱじ　（赤っ恥）
　　b．なが ＋ しり　ながっちり　（長っ尻）

促音は，外国人が日本語を学ぶときに拗音と同様最も発音の難しい音といわれています．というのも，子音のみで一拍分発音するのが困難だからです．したがって「アッタ」を「アタ」，「イッキ」を「イキ」と発音してしまうのです．促音便は音としては認識しにくい音ですが，その存在は意味の区別に大きくかかわっていますので注意が必要です．次の例を発音してみましょう．

【44】
　　a．ハト（鳩）　　　ハット

---

(3) 日本語の方言には，半母音の前に促音便を使う例もあり，千葉方言では「あっよ」（あるよ）などの発音がある．イタリア語などでも同様の例がある．

b．イキ（息）　　　イッキ（一気）
　　c．タチ（太刀）　　タッチ
　　d．カソウ（仮想）　カッソウ（滑走）

促音のある語では1拍分息を止めるような発音に留意してください．

2.3.6. 注意すべき促音発音

最近よく耳にする発音に「～でしょう」や「～です」，あるいは「～ます」の代わりに促音便を用いたものがあります．

【45】
　　a．イクッショ　　（行くでしょう？）
　　b．イクッス　　　（行きます）
　　d．アルッショ　　（あるでしょう）
　　e．コレッス　　　（これです）

促音便は発音の簡略化の1つで，母音の脱落を伴う二重子音化の現象です．簡略化という意味では非常に便利な発音であるともいえますが，非常に口語的で，あらたまった状況では使うことができない発音といえるでしょう．標準的発音との使い分けができることが重要でしょう．

練習問題

1. 次の清濁のペアを発音してみましょう．
   a. 平仮名   －   片仮名
   b. 尾ひれ   －   尾鰭
   c. 質草   －   道草
   d. 替え玉   －   白玉
   e. 真っ白い －   青白い
   f. 高級砂糖 －   黒砂糖
   g. 三本   －   六本
   h. 本調子   －   七拍子

2. 促音，撥音の発音に注意しながら発音してみましょう．
   a. たっぷり － しょんぼり
   b. ちょっぴり－ のんびり
   c. すっかり － こんがり
   d. しっくり － あんぐり
   e. どっしり － まんじり
   f. ぴっちり － まんじり
   g. ほんのり － しんみり － ぼんやり － ふんわり
   h. バッグ   － バック
   i. ベッド   － ベット

3. 直音と拗音のペアを舌の位置に注意しながら発音してみましょう．
   a. カット － キャット   b. 食う － 九   c. コート － 京都
   d. 酒井   － 社会   e. 数字 － 習字   f. 壮年 － 少年
   g. ハンナ － 般若   h. フォンテーヌ－モンテーニュ i. 野路 － 如実
   j. 方位   － 表意   k. 暴飲 － 病院   l. プーマ － ピューマ

3. アクセント

　アクセントも言語の発音特徴をよく表すものです．アクセントはなかなか定義の難しい音声特徴ですが，発話中の急激なピッチ変化といってもいいでしょう．発音にリズムをつけるためにアクセントを用いる場合もあれば，日本語のようにアクセントによって語の意味を決定する場合があります．また，必ずしもすべての言語がアクセントを用いているわけではなく，中国語のように音節内の母音の音調[4]によって語の意味を決定する言語もあります．しかしながら，多くの言語は単音とともにアクセントを使用することにより複雑な言語表現を可能にしています．アクセントを使う言語でもいくつか種類があって，日本語のように音節間の音の高低の違いによってアクセントを表す高低アクセント言語や，英語のように強弱リズムによってアクセントをつける強勢アクセント言語などがあります．これら言語特有のアクセントは単音よりも意識されない分矯正が難しいといえます．これらが「外国語訛り」の大きな一因となるのです．方言アクセントがなかなか抜けないことからもわかる通り，矯正にはかなりの努力が必要です．

3.1. 語アクセントと機能

　日本語は音節間の音の高低によって語の意味を区別する言語です．日本語は単音としては比較的単純な音構造をもっており，英語と比較した場合でも母音や子音の数はかなり少なく，子音と母音の組み合わせも基本的には五十音に限

---

[4]　アクセントの位置ではなく音の高低変化によって語の意味を表す機能．中国語では「四声」と呼ばれる．

られています。このような限られた数の音節を組み合わせて語をつくらなければなりません。したがって，当然同音異義語が多くなります。日本語で言葉遊びの「しゃれ」が頻繁に使われるのも同音異義語が多いからにほかなりません。同音異義語が多いということは必然的にコミュニケーションに支障をきたす可能性が出てきます。もちろん文脈情報によってかなりこの問題は回避される可能性はありますが，それにも限界があります。日本語におけるアクセントの機能とはこの単純な単音の構造を補うことであるともいえます。つまり，同音異義語でもアクセントの位置を変えることで別の意味をもつ2語を生み出すことができるわけです。

【1】
 a．私は「ハ⌝シ」(5)がいいです。（箸）
 b．私は「ハシ⌝」がいいです。（橋）
 c．私は「ハシ ̄」がいいです。（端）

（⌝, ̄はアクセントを表す）

【1.a】は「お箸」，【1.b】は渡る「橋」【1.c】は「端っこ」の意味です。【1】の文に文脈が与えられなければ3文を区別するのは「ハシ」のアクセントの違いのみです。【1.a】は高低，【1.b】は低高，【1.c】は低高のアクセント型をもちます。このうち【1.b】【1.c】は表記上は同じアクセントのように感じられますが，文全体を発音すると格助詞の「が」の高さが違っていることに気づくでしょう。【1.b】は「低」，【1.c】は「高」ピッチが与えられます。私たちはこれらの語の目に見えないアクセントの位置を無意識に認識しています。この語中のアクセントは「アクセント核」と呼ばれます。単語レベルのアクセントに関しては一般に「語アクセント」という表現を用いていますが，実際には格助詞までを含めた「文節」で考えるべきでしょう。ここではこの単位を「アクセント句」と呼ぶことにします。「ワタシハ・ハシガ・イイデス」は3つのアクセ

---

(5)「⌝」はアクセント記号で，この記号後の母音のピッチが下がる。「 ̄」は平板型。

ント句からなっているといえます.

このような意味の区別以外にも，アクセントは重要な機能を担っています. 次の例を見てみましょう.

【2】
　　i. a. い￣まむらのまわりにいる（今村の）
　　　 b. い￣ま，む￣らのまわりにいる（今，村）
　 ii. a. に￣わとりがいる（鶏）　b. に￣わ　と￣りがいる（二羽，鳥）

【2】のa, bはアクセントの違いによって文の構造，あるいは切れ目を表しています. 【2.i.a】では「今村」という人名を，【2.i.b】では「今」と「村」の間に「切れ目」があることをピッチの谷間で表しています. 文字表記の場合は句読点で切れ目を表すことができますが，話し言葉ではそれらを使うことはできません. また，ポーズを入れることも一般的ではありません. アクセントはこれら句読点あるいは文の構造を表すためにも使われているのです. 【2.ii】では「にわとり」という名詞と，「二羽」「鳥」という数詞＋名詞という構造の違いをアクセントで表しています. この例では「にわとり」と「に１わ」「とり」とでは語のアクセントが異なりますが，「庭！鳥がいる」（にわ　とりがいる）のような口語表現でも【2.ii.a】とは「とり」の最初の拍に「低」ピッチが与えられることによって区別ができます.

2語以上の語によってつくられる「複合語」もアクセントの型によってその構造が表されます.

【3】
　　a. し￣ろい　　か￣べ　　　し￣ろかべ
　　b. イ￣ンドの　ゾ￣ウ　　　イ￣ンドゾ￣ウ

c. か|な|がわの　だ|いがく　　か|ながわだ|いがく

アクセントの山が２つある場合には切れ目をあらわし，複合語１語として機能する場合にはアクセントの山も１つになります．したがって，【3.a】を「しろい１かべ」と発音した場合には「白井」さんの作った，あるいは「白井」という地域の「壁」という意味に理解されます．

3.1.1. アクセントの制約

【2】の例にもあるように，頭高型：「に１わ」（二羽）以外はアクセントの位置にかかわらず最初の拍は必ず「低」で始まります．これは最初の拍にアクセントのないかぎり，低いピッチで始めるという標準日本語の特徴です．したがって，最初の拍と２番目の拍とは必ず異なったピッチが与えられることになります．２拍目で上がったピッチは，アクセントのある拍まで「高」を保ち，アクセントの次の拍で下がります．また，同じアクセント句の中で一度下がったピッチがまた上がることはありません．したがって次のようなアクセント型は存在しないので注意が必要です．

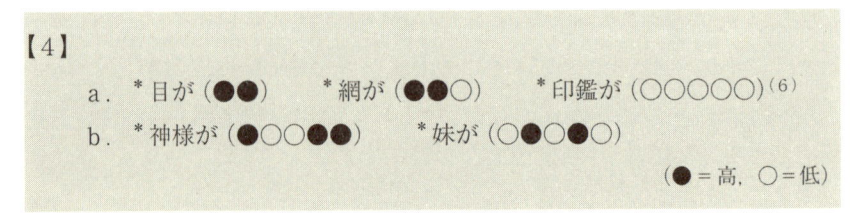

【4】
a. *目が（●●）　　*網が（●●○）　　*印鑑が（○○○○○）[6]
b. *神様が（●○○●●）　　*妹が（○●○●○）

（●＝高，○＝低）

文のレベルでは【2.i.b】のようにいったん下がったピッチが再び上がる発音もされますが，再上昇は次のアクセント句の始まりを表しているので同じアクセント句内での再上昇は基本的にはありません．

---

[6] 日常会話では最初の「低」が充分に下がらず，完全な「平板型」で発音される場合もある．

3.2. アクセントの型

3.2.1. 名詞のアクセント型

3.2.1.1. 普通名詞

前節で見たように，語中の拍には高低いずれかのピッチが与えられますが，自由な組み合わせが許されているわけではありません．たとえば「高低高」などという組み合わせはアクセント句内では起こりません．アクセントの位置によって語の意味が決定されているので，アクセントの位置は語によって異なります．語アクセントは，語中のアクセントの位置によっていくつかの型に分類されます．日本語のようなアクセント言語では拍間の高低の違いでアクセントを表しているので，理論的には1拍語ではアクセントは現れないことになります．したがってここでは「歯」のような単拍語を含め，助詞を加えた形（アクセント句）で示しておきます．

【5】名詞のアクセント型
 i．アクセント語
  A．頭高型（最初の拍にアクセントのあるアクセント句）
   a．2拍（●１○）
     め１が（目）　に１が（２）　は１が（歯）　き１が（木）
   b．3拍（●１○○）
     う１みが（海）　か１きが（牡蠣）　ち１りが（地理）　は１しが（箸）
   c．4拍（●１○○○）
     え１いがが（映画）　く１うきが（空気）　せかい１が（世界）
     て１すとが（テスト）
   d．5拍（●１○○○○）
     か１んこくが（韓国）　か１みさまが（神様）　お１んせいが（音声）
  B．中高型（語中にアクセントのある語）
   a．3拍（○●１○）

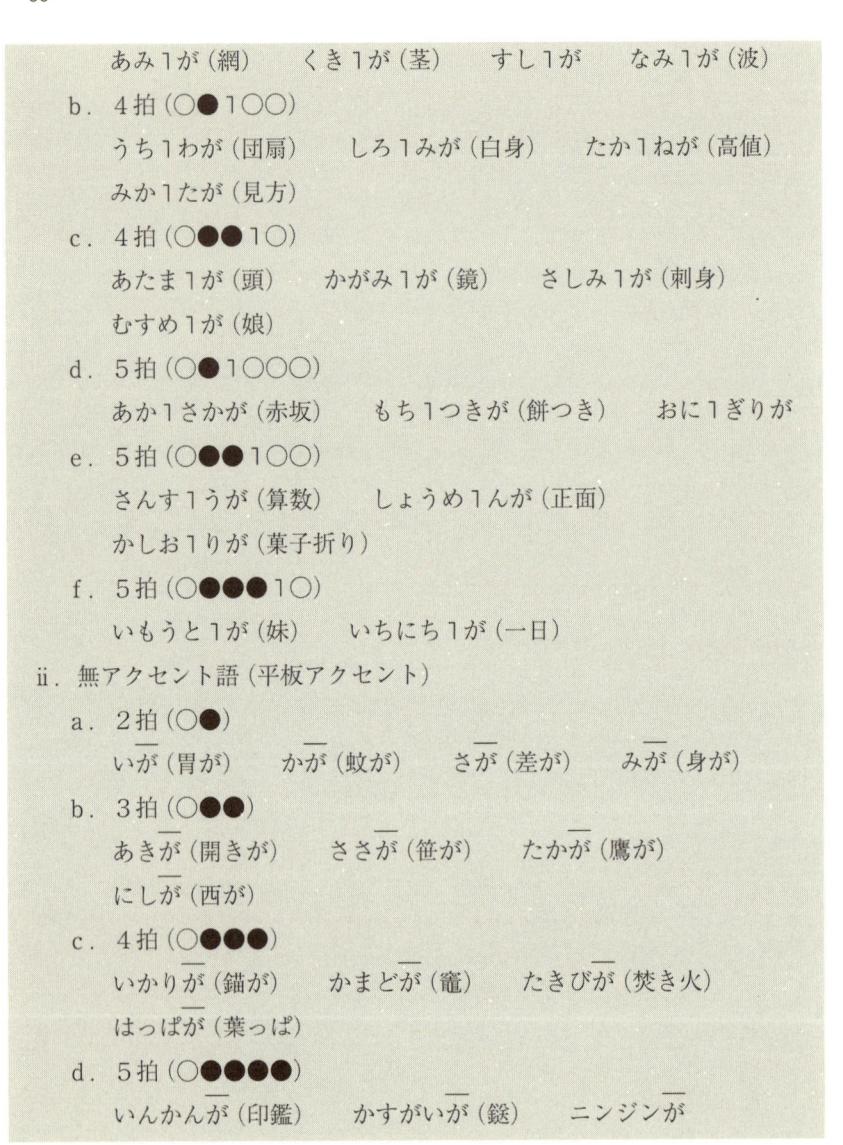

あみ1が（網）　くき1が（茎）　すし1が（寿し）　なみ1が（波）
b. 4拍（○●1○）
うち1わが（団扇）　しろ1みが（白身）　たか1ねが（高値）
みか1たが（見方）
c. 4拍（○●●1○）
あたま1が（頭）　かがみ1が（鏡）　さしみ1が（刺身）
むすめ1が（娘）
d. 5拍（○●1○○）
あか1さかが（赤坂）　もち1つきが（餅つき）　おに1ぎりが
e. 5拍（○●●1○）
さんす1うが（算数）　しょうめ1んが（正面）
かしお1りが（菓子折り）
f. 5拍（○●●●1○）
いもうと1が（妹）　いちにち1が（一日）

ii. 無アクセント語（平板アクセント）
a. 2拍（○●）
いが（胃が）　かが（蚊が）　さが（差が）　みが（身が）
b. 3拍（○●●）
あきが（開きが）　ささが（笹が）　たかが（鷹が）
にしが（西が）
c. 4拍（○●●●）
いかりが（錨が）　かまどが（竈が）　たきびが（焚き火）
はっぱが（葉っぱ）
d. 5拍（○●●●●）
いんかんが（印鑑）　かすがいが（鎹）　ニンジンが

　日本語の語は，大別して「アクセント語」と「無アクセント語」に分けられます．このうちアクセント語は，さらにアクセントの位置により，1. **頭高型**,

2．中高型[(7)]に分けられます．頭高型は語頭の拍にアクセントがある型で，最初の拍に高いピッチが与えられ，2番目以降は低いピッチで発音されます．中高型は語中にアクセントのある型で，語や語の拍数によりアクセントの位置が異なります．すでに述べたように，位置を変えることで意味の区別を行うからです．これら2つの型は「平板型」に対して「**起伏型**」とも呼ばれます．

3.2.1.2. 名前のアクセント

アクセントは普通名詞と固有名詞を区別する機能も果たします．普通名詞として使われる語が姓として使われる場合異なったアクセント型で発音されることが多いようです．

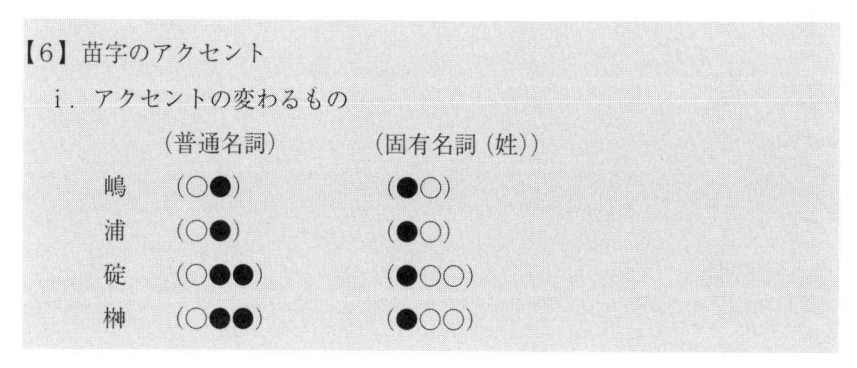

【6】苗字のアクセント
　ⅰ．アクセントの変わるもの

	（普通名詞）	（固有名詞（姓））
嶋	(○●)	(●○)
浦	(○●)	(●○)
碇	(○●●)	(●○○)
榊	(○●●)	(●○○)

【6.ⅰ】の例からわかるように語頭の拍にアクセントのない普通名詞は苗字に使われる場合語頭の位置にアクセントをつけます．この他にも次のような例がこのパターンに当てはまるようです

ⅱ．
　　丸，東，磯，榎，岡，沖，柏，澤，柴，谷，西，浜，南，室，恵，柳

しかしながら，同じアクセントで発音される例も多く見られます．

---

(7) 語末にアクセントのある尾高型を加える分類もあるがここでは中高型に含める．

iii. アクセントの変わらないもの（頭高型）
奥（●○），角（かど，すみ）（●○），玄（●○），兜（●○○）

【6.iii】の例に見られるアクセントは「頭高型」で【6.i】の姓に用いられるアクセント型と同じです．この場合にはアクセントの移動は起こらないようです．しかし中高型，平板型の語も移動が起こらない場合があります．

iv. 中高型，平板型
辻（○●），堀（○●），森（○●），原（○●），潮（○●●）

松平「まつだ１いら」という名前はその家系によって「ま１つだいら」と発音する場合があるなど，名前は個人あるいは家系のアイデンティティーを表すものであり，そのためにバリエーションが生まれたものと考えられますが，語頭アクセントにする傾向はあるようです．

苗字とともに名前にも発音の規則性があります．多くの名前は男性では「〜男」，「〜二」「〜郎」など，女性ならば「〜子」，「〜美」，「〜江」などの末尾で終わる場合が多く，これらの名前のアクセントには規則性が認められます．（表記は名前の特性から「平仮名」を使っています）．

【7】名前のアクセント
i. 頭高型
（男子）
「〜し，じ」
（3拍）
ひ１ろし（浩志）　こ１うじ（興二），　け１んじ（健司）

（女子）

3. アクセント　69

「～こ」
（3拍）
あ１きこ（亜希子）　き１みこ（君子）　ま１さこ（雅子）
（2拍）
あ１こ（亜子）　み１こ（ミコ）　ま１こ（眞子）
「～み，え」
（2拍）
ゆ１み（裕美）　き１え（希恵）　た１え（多恵）

ⅱ．平板型
（男子）
「～お」
あきお（明男）　かずお（和夫）　しげお（茂雄）

（女子）
「～え，み」
あきえ（章江）　ゆりえ（友里恵）　ともえ（朋絵）
あさみ（朝美）　きよみ（清美）　ともみ（朋実）

　3拍語では末尾の文字により頭高型か平板型にわけられます．しかしながら2拍語では頭高型になります．また普通名詞を用いた名前は苗字の場合と同様に参考にした元の言葉と異なったアクセント型が使われる場合が多いようですが，用いた言葉の種類によってアクセント型が変わるようです．

【8】その他の名前
ⅰ．頭高型
　　2拍：（男）て１つ（哲）　た１く（拓）　りょ１う（亮）　か１ん（寛）
　　　　（女）ま１り（鞠）　あ１や（綾）　は１な（花）　ふ１み（文）
　　3拍：（男）あ１きら（明）　き１よし（清）　た１だし（正）　ひ１ろし（弘）

(女) は￣るか (遥)　ま￣どか (円)　し￣ずか (静)
　　み￣どり (緑)　こ￣ころ (心)

ii. 平板型
　　かおる (薫)　しのぶ (忍)　あかね (茜)　あかり (灯)
　　まもる (守)　すすむ (進)　みのる (実)　のぼる (登)

【8.i】の3拍語は形容詞から派生した名前と考えられますが，「あき￣らか」，「ただし￣い」など本来の語とはアクセントの位置が変わっています．また，【8.ii】は動詞がもとになっている名前と考えられますが，動詞のアクセント型 (「かおる」，「しの￣ぶ」，「まも￣る」) にかかわらず，平板アクセントで発音されます．

3.2.1.3. 外来語のアクセントと自然なアクセント

外来語として流入する語はほとんど名詞です．それ以外の語も，借用された場合は動詞や形容詞などの語尾をつけた名詞 (「ラン (run) する」，「プリティ (pretty) な」) として扱われるようです．外来語を借入する場合本来のアクセントも含める場合はほとんどなく，日本語のアクセント型を与えられます．

【9】外来語のアクセント
　2拍
　　タ￣ン (tongue)　ラ￣ブ (love)　バ￣ス (bus)　ミ￣ス (mistake)
　　レ￣ジ (register)
　3拍
　　カ￣メラ (camera)　バナ￣ナ (banana)　ク￣ール (cool)
　　コイン (coin)
　4拍以上
　　ビタ￣ミン (vitamin)　トラ￣ブル (trouble)
　　アルバ￣イト (arbeit：独)　クリス￣マス (Christmas)

(独＝ドイツ語)

【9】の例からわかる通り，3拍以上の語では後から3番目の拍にアクセントが置かれています．このアクセント型は日本語の**基本的アクセント型**（0型アクセント）ともいえます．というのも，日本語の話者は本来アクセントのわからない音連続（たとえば無意味な音の連続）に対し，基本となるアクセント型を与えて発音します．

【10】無意味語のアクセント
    a．あいう⌐えお   b．ばなさるふ⌐みそ

【10. a, b】は意味のない音の連続ですが，これらを発音する場合外来語の例と同様後から3番目の拍にアクセントを置きます．しかし，もし【10. a, b】をそれぞれ「あいうーえお」，「ばなさるふんみそ」とした場合にはアクセントはあとから4番目の拍に移動します．あとから3番目の拍が「引き音（ー）」，「撥音（ん）」の場合1つ前の拍にアクセントが移動するのです．さらに「促音（っ）」，二重母音（「あい」，「おい」）の「い」の場合にも同様のアクセント移動がおこります．これらの「特殊拍」は，単独では「音節」を構成せず，前の音節の一部となります．日本語のアクセントはこの「音節」単位に与えられると考えられています．

【11】
    （エ⌐ン）ジン   （サ⌐イ）クル   （パ⌐ー）ティー   （カ⌐ッ）プル

【11】の例ではアクセントはすべてあとから4番目の「拍」にありますが，その後はすべて特殊拍になっています．これらを括弧で示したように「音節：syllable」として考えれば「あとから3番目の「音節」にアクセントがあるという一般化ができます．実際の発音では「撥音（ん）」は母音に吸収されて鼻

母音として発音されることが多く，その場合前の母音と分割できなくなります．また，二重母音，長母音は音声学的には1母音です．促音便は音節末子音として扱われます．このように特殊拍にはアクセントを受けられない理由があるのです．

外来語はすべて【9】で述べたようなアクセント語ばかりではありません．

【12】
   a．カステラ (Castelha：ポ)　　マシュマロ (marshmallow)
      シャボン (<sabão：ポ)　　トンネル (tunnel)
   b．ハンドル (handle)　　スプリング (spring)　　ボタン (button)
　　　　　　　　　　　　　　　　　　　　　（ポ＝ポルトガル語）

【12.a】はすべて平板型の外来語です．【12.b】はアクセント発音と平板型が並存している例です．全般的な傾向として，日本語に定着してくると平板型になる傾向があるようです．

3.2.1.4. 拍数とアクセント型

前節までに語におけるアクセントの型を見てきましたが，アクセント型は語に含まれる拍数によって明らかな分布傾向を示します．2拍語（「歯が」など）では約7割が頭高型，平板型が3割ほど[8]．3拍語（「箸が」など）では約6割が頭高型．4拍語（「車が」）では頭高型は4割弱，5拍語（「学生が」）では頭高型は1割以下しか存在しません．一方平板型は4拍語では5割ほど，5拍語では約7割にもなります．2拍語では，語幹は1拍で2拍目は格助詞ですから1拍で語をつくるために使える拍は基本的には五十音表にある仮名1文字です．したがって，同音異義語が多くなる可能性が高くなり，アクセントを用いて意味の区別を行う必要性が出てきます．拍数が増えるに従い頭高型が少なくなり平板型が増えてくる背景には，拍が多くなれば単音の組み合わせの可能

---
(8)　田中，窪薗 (1999) pp. 58-60

性が増し，単音の組み合わせのみで異なった意味を表す可能性が高まると考えられます．しかし，さらに拍数が増え6拍以上になると前節でふれた「自然なアクセント型」が主流となります．この場合も語の意味の区別をつけるためというよりは単なる発音上のアクセントの機能というべきでしょう．つまり，同じ拍数で同じアクセント型ということはアクセント自体が語の意味を区別することに役立っていないことを物語っています．

近来0型アクセントにとって変わりつつあるのが平板型アクセントと呼ばれるもので，この発音は近来若者の間で非常に一般化し他の型を駆逐する勢いです．このアクセント型はもともと外来語に使われ現在では一般語句にも使われるようになりました．

【13】平板アクセント
　　　　（伝統的発音）　　　（若者発音）
　　a．ギタ⌐ー　　　　　　ギター‾
　　b．か⌐れし　　　　　　かれし‾　（彼氏）
　　c．か⌐のじょ　　　　　かのじょ‾（彼女）

また日本語方言の中には，アクセントを意味の区別に使っていないものもあります．これらのことから，日本語ではアクセントの意味弁別機能はそれほど大きなものではないともいえますが，実際に2拍，3拍語ではやはり重要な機能を果たしているので正確なアクセントを把握する必要はあるでしょう．

3.2.2. 動詞のアクセント

名詞に比べ，動詞，形容詞などはアクセント型がかなり限定されています．基本は語幹にアクセントをつけるタイプと平板型です．

【14】動詞のアクセント型（言い切り方）
　a．起伏型
　　（2拍）
　　う１つ（打つ）　　す１む（住む）　　さ１る（去る）　　た１つ（立つ）
　　（3拍）
　　ある１く（歩く）　　はな１す（話す）　　たべ１る（食べる）
　　は１いる（入る）
　　（4拍）
　　あつま１る（集まる）　　はじら１う（恥らう）　　たじろ１ぐ
　　よろこ１ぶ（喜ぶ）
　b．平板型
　　（2拍）
　　あく（空く）　　よぶ（呼ぶ）　　しぬ（死ぬ）　　いる（居る）
　　（3拍）
　　あさる（漁る）　　くだる（下る）　　かさむ（嵩む）
　　ちぢむ（縮む）
　　（4拍）
　　すすめる（薦める）　　ひろげる（広げる）　　はじまる（始まる）

　【14.a】は起伏型動詞の言い切り型の発音ですが，この型は母音 /u/ で終わります．/u/ を含む拍が語尾となるわけですが，語尾の前にアクセントを置く形が普通です．語に含まれる拍数が増えても，その形は変わりません．また，名詞のアクセントの項でもふれたようにアクセントはシラブルに与えられ，「はいる」（入る）のような例では [ai] という二重母音にアクセントが与えられ後から3番目の拍にアクセントが移動します．

　【14.b】の例はアクセントのない語群です．このように基本的には動詞のアクセントは2つの型に集約されます．では次にこれらの動詞の活用形について

3. アクセント　75

見てみましょう.

【15】動詞の活用形
　a．起伏型

	（否定(ない)）	（仮定(ば)）	（過去(た)）	（連用(て)）
す1む(住む)	すま1ない	す1めば	す1んだ	す1んで
う1つ(打つ)	うた1ない	う1てば	う1った	う1って
うご1く(動く)	うごか1ない	うご1けば	うご1いた	うご1いて
とおる(通る)	とおら1ない	と1おれば	と1おった	と1おって
そだて1る(育てる)	そだて1ない	そだて1れば	そだ1てた	そだ1てて

　b．平板型

ねる(寝る)	ねない	ねれ1ば	ねた	ねて
うむ(生む)	うまない	うめ1ば	うんだ	うんで
あがる(上がる)	あがらない	あがれ1ば	あがった	あがって
わすれる(忘れる)	わすれない	わすれれ1ば	わすれた	わすれて

　起伏型では，語幹のアクセントの位置と変化形との位置が異なっているものがあります．変化形では語の拍数にかかわらず基本的に後から3拍目にアクセントをつけて発音します．

　平板型では「〜ば」のように語尾によってアクセントがつけられる形もあります．また，「ます」の場合，語幹のアクセント型は消えすべて「〜ま1す」となります．

3.2.3. 形容詞のアクセント

　形容詞のアクセントは名詞に比べ単純で，基本的には後から2番目の拍にアクセントを置く型（「白い」，「うまい」など）と平板型（「赤い」，「厚い」など）の2つの型に分けられます．また形容詞は終止形も連体形も基本的にはア

クセント型は変わりません．

【16】形容詞のアクセント型
a．起伏型

（2拍）	（3拍）	（4拍）
な\1い（無い）	くろ\1い（黒い）	うれし\1い（嬉しい）
こ\1い（濃い）	うま\1い（旨い）	すずし\1い（涼しい）
す\1い（酸い）	いた\1い（痛い）	ただし\1い（正しい）
よ\1い（良い）	ひく\1い（低い）	みにく\1い（醜い）

b．平板型

	うすい（薄い）	つめたい（冷たい）
	くらい（暗い）	やさしい（優しい）
	かたい（硬い）	あかるい（明るい）
	つらい（辛い）	かなしい（悲しい）

【16.b】の平板型にはアクセントをつけた発音も可能です（「うすい」＞「うす\1い」，「つめたい」＞「つめた\1い」．

動詞と同様，形容詞の活用形もアクセント型が変わってきます．

【17】形容詞の活用形
a．起伏型

（終止形）	（連用形）	（過去形）	（仮定形）
しろ\1い（白い）	し\1ろく	し\1ろかった	し\1ろければ
ほそ\1い（細い）	ほ\1そく	ほ\1そかった	ほ\1そければ
くさ\1い（臭い）	く\1さく	く\1さかった	く\1さければ
うれし\1い（嬉しい）	うれし\1く	うれし\1かった	うれし\1ければ
むなし\1い（空しい）	むなし\1く	むなし\1かった	むなし\1ければ

3拍の形容詞では活用形はアクセントが1拍前に移動します．しかしながら，これらの形にはアクセントの位置の変わらない発音も見られ，それらの発音では「くさ１く」，「くさ１かった」となります．4拍語ではアクセント位置の移動は見られません．これらの例から，基本的には，本来のアクセント型は活用形でも保持される傾向にあり，拍数が増えるほど一般的な形が現れるようです．

b．平板型

（終止形）	（連用形）	（過去形）	（仮定形）
くらい（暗い）	くらく	くら１かった	くら１ければ
あまい（甘い）	あまく	あま１かった	あま１ければ
あかるい（明るい）	あかるく	あかる１かった	あかる１ければ

平板型では，過去形や仮定形など長い接尾辞がつく場合，アクセントが与えられ，その場合は語幹の最後の拍にアクセントがきます．

3.3. 複合語のアクセント

3.3.1. 複合語

語は組み合わされて別の単語になることもあります．このようにしてできた語を「複合語」と呼び，単に語を並べた場合と異なったアクセント型を示します．

3.3.1.1. 名詞の複合語（名詞＋名詞）

名詞どうしの結合は基本的に第一の語が形容詞的な機能をもっていきますが，複合語であることを示すためのアクセント型が用いられます．単に2語が並んでいる場合とではアクセント型が異なります．

【18】名詞の複合語

A
 a．ち１ば（千葉）＋し１（市） → ちば１し

```
    b. バスケ1ット＋ぶ1(部)        → バスケット1ぶ
    c. あお1もり(青森)＋け1ん(県)   → あおもり1けん
    d. とうきょう(東京)＋え1き(駅)  → とうきょ1うえき
B
    a. ほうとう(放蕩)＋むすこ(息子)      → ほうとうむ1すこ
    b. せ1いよう(西洋)＋わ1さび(山葵)   → せいようわ1さび
    c. あ1か(赤)＋えんぴつ(鉛筆)       → あかえ1んぴつ
    d. ぶ1んがく(文学)＋ひょうろん(評論) → ぶんがくひょ1うろん
```

　複合名詞の場合，【18】に見られるように元の名詞のアクセント型は保持されないのが一般的です．重要なのは第二要素のアクセントで第一要素のアクセントは消えてしまいます．【18.A.a】の場合，第一要素「ちば」は1拍目にアクセントがありますが，2拍目に移動しています．また，【18.B.a】では「ほうとう」，「むすこ」両語とも平板型ですが，合成名詞では語末から3番目の拍にアクセントが与えられています．

　複合名詞のアクセント型は，第二要素が短い（2拍以下）の場合，第一要素の最後の「音節」に与えられます．【18.A】はこの型の例です．これらの例の他に「じん(人)」，「かい(会)」などがあります．これらの名詞は複合名詞にさらに付け加えられて新しい複合名詞をつくり出します．その場合も，付け加えられた要素の前の音節にアクセントが与えられます．

【19】
```
    a. あお1もり      (青森)
    b. あおもり1けん   (県)
    c. あおもりけ1んじん (人)
    d. あおもりけんじ1んかい (会)
```

　【19.a-d】にあるように，「あおもり」は語末から3拍目にアクセントがあり

ますが，付加要素が加わる度にアクセントは後に移動していきます．また，
【19. c, d】の場合は語末から4番目の拍にアクセントがあります．これはすで
に述べてきたようにアクセントが与えられるのは「音節」であり「拍」ではな
いと考えられているからで，【18. A. d】，【18. B. d】の場合と同様，アクセント
が与えられるべき「拍」が促音，撥音，引き音などの特殊拍にあたる場合アク
セントはその前の拍に移動します．これら特殊拍は「音節」の後部要素となっ
ているので，これらの現象から日本語ではアクセントが与えられるのは「音
節」であると考えられています．このように第二要素が2拍以下の場合「まね
きね1こ」など数少ない例外もありますが，基本的には第一要素の最終音節に
アクセントが置かれます．

　これに対して第二要素が3拍以上の場合，第二要素のアクセント型にかかわ
らず3.2.1.3.でふれた「0型アクセント」が採用され，語末から3番目の音
節にアクセントが置かれます．通常の語の場合，3.2.1.4.にあるように拍数が
助詞を含んで5拍の場合平板アクセントが多くなります．しかし，複合語では
第二要素が2拍以上の場合どんなに長くなってもあとから3番目の音節にアク
セントを置くことに変わりはありません．というのも「複合語」も「語」と
して機能するわけですから拍の多い語と同様のアクセント型を示します．【19】
には4拍語があげられていますが，後部が5拍以上の場合もあります．この場
合も基本的には0型の発音が基本で，「じょせい」+「おんがくか」（女性音楽
家）などのように後部の平板型アクセントが保持される例もありますが数とし
てはそれほど多くありません．

3.3.1.2. 動詞，形容詞の複合語

　動詞，形容詞は基本的には後部要素のアクセントの位置が複合語のアクセン
トになります．

【20】
1．動詞の複合語アクセント

> a. の1む (飲む) ＋ある1く (歩く) → のみある1く
> b. ふる (振る) ＋かけ1る (掛ける) → ふりかけ1る
> c. いく (行く) ＋すぎ1る (すぎる) → いきすぎ1る
> d. ふ1く (吹く) ＋とぶ (飛ぶ) → ふきと1ぶ
>
> 2. 形容詞の複合アクセント
> a. なま (生) ＋くさ1い (臭い) → なまぐさ1い
> b. ま (真) ＋しろ1い (白い) → まっしろ1い
> c. ちから (力) ＋つよ1い (強い) → ちからづ1よい
> d. うすい (薄い) ＋くらい (暗い) → うすぐら1い

【20】の例から明らかなように動詞，形容詞ともに複合形は語末から2拍目にアクセントがきます．本来動詞も形容詞も語末から2番目にアクセントが置かれる形が多く，このアクセントが複合語にも現れているともいえますが，動詞，形容詞ともに【20.1.d, 2.d】では第二要素は平板型ですが，複合語では他語と同様語末から2拍目にアクセントが現れています．このように複合動詞，形容詞のアクセントは語末から2拍目と覚えるといいでしょう．

3. アクセント

練習問題

1. 次のペアをアクセントに注意して発音してみましょう．
   a．雨－飴　　箸－橋　　狩り－仮　　火が－日が　　歯が－葉が
   b．佐賀－差が　　証し－明石　　幹事－漢字　　神が－紙が　　秋が－飽きが
   c．孝行－高校　　専制－先生　　工場－向上　　兄弟－強大　　毎日－毎日（新聞）

2. 次の名詞を普通名詞と固有名詞（苗字）の両方のアクセントで発音してみましょう．
   （丸）（東）（磯）（榎）（岡）（沖）（柏）（澤）（柴）（谷）（西）（浜）（南）（室）（恵）（柳）

3. 次の語を起伏型と平板型で発音し，その違いを感じてください．
   「熱い」「彼女」「彼氏」「電気」
   「デスク」「ボード」「セール」「ラップ」「クラブ」「スクール」「レディース」

4. アクセントの移動に注意して発音してみましょう．
   a．神奈川－神奈川県　　佐賀－佐賀県　　京都－京都府　　名古屋－名古屋市
   　　緑－緑区
   b．中国－中国人　　ギリシャ－ギリシャ人　　スペイン－スペイン人
   　　サモア－サモア人

4. アクセントとイントネーション

前章で語アクセントについて述べてきましたが,実際のコミュニケーションを行うときには単語のみでの発話は多くはなく,語が集まった句や文を用いて私たちは言語活動を行っています.文単位でのピッチ変化は一般に**イントネーション**と呼ばれています.本章では句や文でのイントネーションについて見ていきましょう.

4.1. アクセント句

アクセントは単に意味を表す機能のみにとどまらず,句や文の構造を表す機能ももっています.複合語はあくまでも1単語であり,「語アクセント」の範疇といってもいいでしょう.たとえば「にわとり」は(○●●●)でひとつのまとまった語アクセント型を示しています.ところが「形容詞」(数詞)+「名詞」の名詞句発音の場合,次のようになります.

【1】ニワトリと二羽鳥
    a. に」わとりがいる (ニワトリがいる)
    b. に1わと」りがいる (二羽鳥がいる)

「ニワトリ」が(○●●●)の型であるのに対して「二羽鳥」の場合は(●○○●)となり,「にわ」と「とり」の間にピッチの下降と上昇が見られ,そこに切れ目が感じられます.この「切れ目」が「にわ」と「とり」の修飾関係をあらわし,「ニワトリ」のようなひとつのまとまりではないことを示してい

ます.【2】も同様のアクセント型の違いを示しています.

【2】くさいきれ
  a. くさいきれ　（草いきれ）（○●●●●）
  b. くさ⌉いき」れ　（臭い布）（○●○　●○）

　このようにアクセントは文法構造を表す機能ももっていますが, 句や文の単位ではどのように表されているのでしょうか. 語アクセントの節でも述べたように最初の拍はその拍にアクセントがないかぎり低いピッチで始まり, 次の拍は高いピッチとなりアクセントのある拍まで「高」ピッチが続き, アクセントによってピッチが下降しアクセントの山型をつくります. この山型が発音のまとまりを感じさせるのです. この単位をここでは「アクセント句」と呼びます.
　アクセント句は特定の句に固定された形ではありません.

【3】アクセント句のバリエーション
  A   B
  a. このいえの　ひ」と a. このいえのひと　（この家の人）
  b. あしたの　よてい   b. あしたのよてい　（明日の予定）
  c. がっこうに　い」く c. がっこうにいく　（学校に行く）
  d. さきに　ある⌉く   d. さきにある⌉く　（先に歩く）

　【3】はA, B両方の発音が可能ですが, 特にa, bの場合, Aの発音は最後の名詞が強調されているようで前部とのまとまりが感じられません. その結果前後の修飾関係が明確でなくなり, 後部の名詞が独立しているように聞こえます.「ひと」に, より高いピッチを与えると修飾関係が感じられない場合もあります. したがって意味的にまとまっているこれらの表現はBのほうが自然な発音だといえるでしょう.
　【3.a,b】の前部の助詞「の」に注目してみましょう.「いえ⌉」,「あした⌉」は

それぞれ語末にアクセントのある語です．したがって助詞がつくと「あした↓が」(○●●○)のように「た」から「が」にかけてピッチが降下します．しかし，「あしたの」は(○●●●)となり，ピッチ降下は見られません．

【4】「の」のアクセント
 a．まちの　あかり　　　*まち↓の　あかり
 b．しょーがつの　もち　*しょーがつ↓の　もち
 c．はるの　はな　　　　は↓るの　はな
 d．はままつの　えき　　はま↓まつの　えき

【4. a, b】は「の」の直前のアクセントが消えて，平板アクセントのように発音されている例です．しかし，「の」のアクセントを消す力は2拍前より先のアクセントまでは及びません．したがって，【4. c, d】ではそれぞれ2拍，3拍前にアクセントのある例ですが，アクセントは消失していません．次に「句」が集まった文のイントネーションについて考えてみましょう．

4.2. 文イントネーション

文アクセントは基本的にアクセント句のアクセント型がそのまま生かされます．

【5】文イントネーション
 a．わたしは　とりが　きらいだ（私は鳥が嫌いだ）
 b．はるの　はなが　すきです　（春の花が好きです）

【5. a】は平板型の語が並んだ文，【5. b】はアクセントを含む語が連続しています．これらの文は3つのアクセント句からなっていますが，句を単独で発音した場合と文として発音した場合では異なる点もあります．前節でも述べたように，標準日本語では発話のはじめはその拍にアクセントがないかぎり「低

い」ピッチで始まり次の拍は「高く」なりアクセント核に至るまで「高」を続け，その後「低」に移ります．この始まりの「低」は，文の始まりのシグナルのようなものなので，まとまった1文として発音するか，句ごとに発音するかでその数が変わってきます．

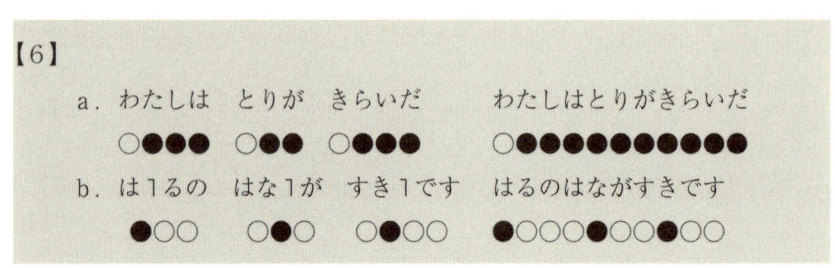

【6】
　　a．わたしは　とりが　きらいだ　　わたしはとりがきらいだ
　　　　○●●●　　○●●　○●●●　　○●●●●●●●●●●
　　b．は1るの　はな1が　すき1です　　はるのはながすきです
　　　　●○○　　●○○　　●○○　　　●○○○○○○○○○

【6.a】ではアクセント句単位での発音では「低」(○)の数は句の数と同じ3個ですが，文単位で発音されると1個になり文としてのまとまりが感じられます．この文はアクセントなしの語の連続なので2拍以降はすべて「高」(●)が与えられます．【6.b】では最初のアクセント句は第一拍にアクセントがあり「高」になっていますが，句単位の発音では独立したアクセント型が表れています．文単位の発音でもそれぞれの語のアクセントは保持されます．したがって「は1るの」，「はな1が」，「すき1です」のそれぞれの句のアクセント核の位置でピッチの降下が見られます．しかし文として発音する場合には第2，第3の句では句単位の発音に見られる第1拍から第2拍にかけてのピッチの上昇が観察されません．アクセント語の連続した文では発音は実際には句発音のような「山型」のピッチ曲線が並んでいるのではなく「階段状」の発音になっています．

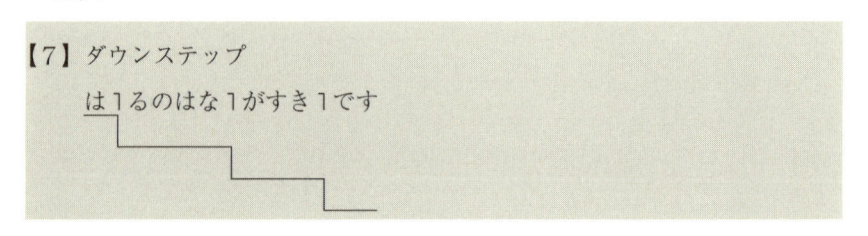

【7】ダウンステップ
　　は1るのはな1がすき1です

アクセント核（↓印）の位置でピッチの下降が見られ，階段状に下がっていきます．したがって最初の「は」のピッチの高さから最後の「す」までは相当な声の高さの違いがあります．この現象は「ダウンステップ」(downstep) などという名前で呼ばれています．これに対して【6.a】ではこのような階段状のピッチの下降は見られません．しかしながら【7】にあるように，第2拍から最後までまったく同じピッチで発音しているわけではもちろんありません．実際には，ピッチは2拍目からゆっくりと下がって最後の「だ」までなだらかな下降線を描きます．

【8】自然降下

　　　わたしはとりがきらいだ

これはあらゆる言語に共通の「自然降下」(declination) と呼ばれる現象で，話者にはまったく意識されない生理的現象です．人間は長い発音を続けると，自然とピッチが下がっていくのです．この例でも意識上は同じ高さの平板型で発音されていると感じられ，降下に関しては普通無意識です．また，この降下によって意味が変わることはありません．普遍的現象ですから，日本語学習時も意識する必要はないといえるでしょう．

4.3. 意味の焦点とイントネーション

言葉を使う目的はコミュニケーションです．したがって特定の音の連続が特定の意味をもつことが，その言葉を使う人たちの間で共通に理解されなければなりません．言葉を使うときには無意識にこのルールに従っています．たとえば [inu]「イヌ」という音の連続がある人には「犬」を意味し，別の人には「猫」を意味するということではコミュニケーションは成り立ちません．アクセントも同様の機能があり，「橋」，「箸」のようにアクセントの位置で意味の

区別をしています．したがって話し手によってその位置が異なるとコミュニケーションに支障があります．

このように，言葉は使う人たちに共通の「変化しない」構造をもっている必要があります．しかし，実際のコミュニケーションでは個人の意思や感情を言葉で表すことが多くあります．このような個人的な言語の側面は，主に音の高低（ピッチ）変化，長さ，ポーズ（音の空白）などであらわされ，状況によっていろいろに変化します．高い声で発音するのと低い声を使った場合では発話全体の印象が異なってきますし，同じ文章でもどの部分をより高く発音するかによって，文全体の意味が変化してきます．このうち文全体のピッチ変化をイントネーションと呼び，意思や感情を表す役割を果たしています．本節ではイントネーションを中心にその使われ方を考えてみましょう．

4.3.1. 意味の焦点

文はアクセント句の集まりであることはすでに述べました．それぞれのアクセント句は中心になる語のアクセント型にしたがってピッチ変化をします．語のアクセントは意味を決定する要素ですから，文中でもはっきりと発音され，その位置が移動することは基本的にはありません．このようなアクセント句が集まって1つの文として発音される場合，どの句も同じ力関係で発音されるわけではありません．発話をするときに，話者はある意思をもって相手に何かを伝えようとするのが普通です．その最も伝えたい部分を意味の「焦点」と呼びます．通常1文に「焦点」は1つで，複数あると「焦点」がぼけてしまい焦点の機能は果たせません．意味の焦点は，話し手の意思を反映するので特定の文章も焦点をどこに置くかによって意味の変化が生じます．「焦点」は実際の発音ではピッチによって表され，高いピッチの与えられた語がその文の焦点ということになります．

【7】でアクセント語を含んだ文のアクセント型を示しましたが，このような発音の仕方は話者が特別な意図をもたずに「自然に」発音した場合に現れます．文はその意味内容から文中の特定の語に焦点を当てる構造になっています．

4. アクセントとイントネーション

【9】

a. かれの うしろに います　（彼の後ろにいます）

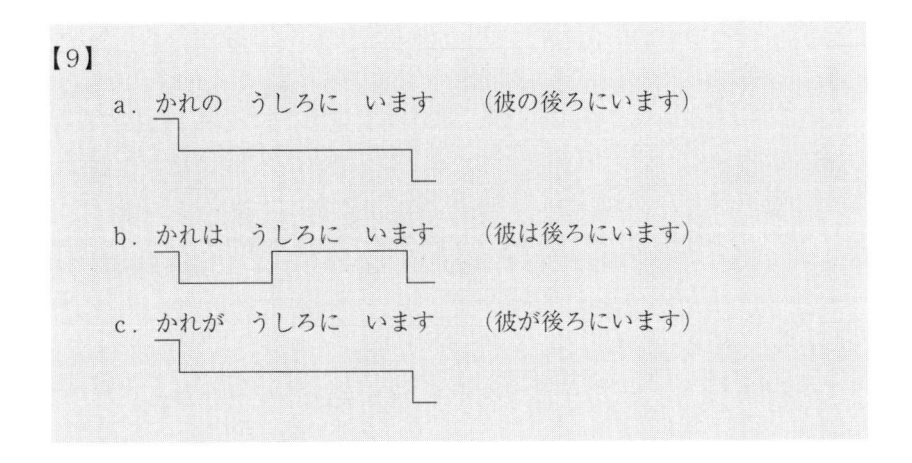

b. かれは うしろに います　（彼は後ろにいます）

c. かれが うしろに います　（彼が後ろにいます）

　【9.a】は【7】で示した自然な「ダウンステップ」が見られます．この文には（……は）という隠れた主語がありますが，焦点は「彼」に当たっています．これに対して【9.b】では焦点は「後ろ」であってこの部分が最も重要な情報ということになります．【9.b】と【9.c】は助詞のみが異なっているわけですが，「が」の前の語はその文の焦点となります．したがって【9.a】と同様のダウンステップ構造になっています．このことは次の例でも明らかでしょう．

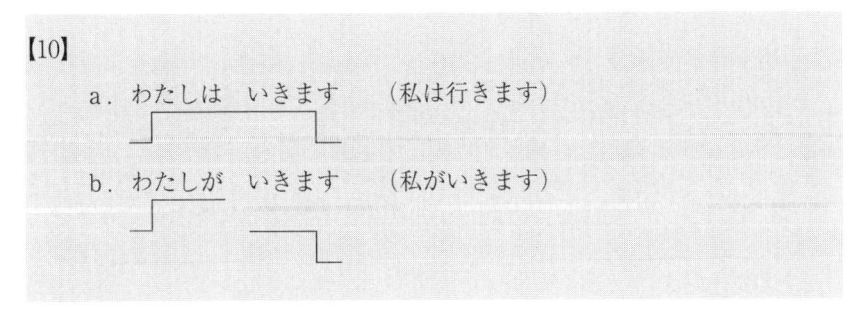

【10】

a. わたしは いきます　（私は行きます）

b. わたしが いきます　（私がいきます）

　【10.a】では文全体が比較的フラットに発音され文末で下がるのみですが，【9.b】では「わたしが」の部分が【10.a】よりも高めに発音され「いきます」にかけて急激なピッチの降下が見られます．そのピッチ差で焦点が明確にされ

るのです。【10.a】でも第2文節が第1文節よりも低いピッチで発音されますが、これは自然降下に見られるなだらかなピッチ降下です。

　焦点のおかれる語は1つの発話（句，文）に基本的に1つです。焦点が複数になれば「焦点」がボケてしまうからです。他言語でもこの基本は同じです。このような文全体の高低変化をイントネーション型とここでは呼びます。イントネーション型は言語によって異なります。たとえば英語では，文章の最後にくる名詞，動詞，形容詞などの意味情報の多い言葉にアクセントを置く傾向にあります。英語はこのような型を基本的にはどの文にも使います。したがって，同じような型が繰り返し現れる傾向にあります。ところが，日本語では文の構造によってイントネーション型が変わってきます。つまり文構造によって焦点となる語の位置が異なります。

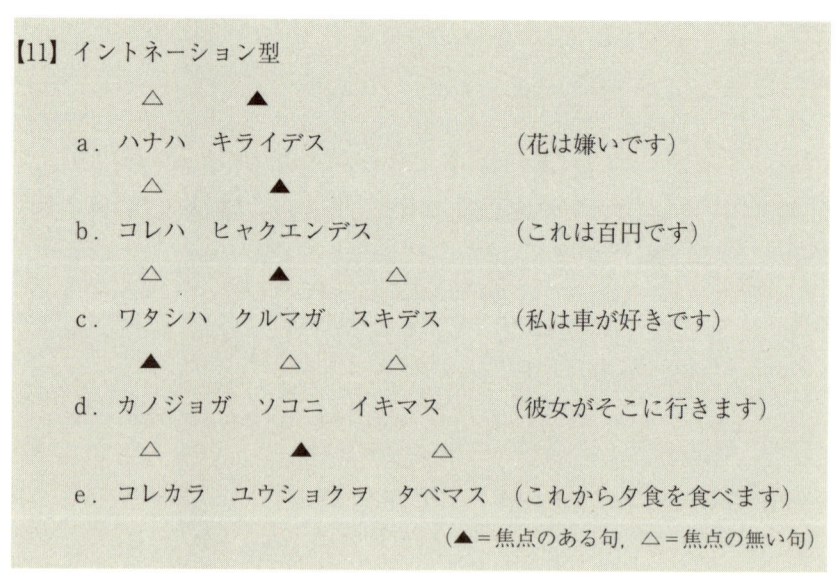

【11】イントネーション型

　　　　　△　　▲
a．ハナハ　キライデス　　　　　　　　（花は嫌いです）
　　　　　△　　▲
b．コレハ　ヒャクエンデス　　　　　　（これは百円です）
　　　　　△　　▲　　　△
c．ワタシハ　クルマガ　スキデス　　　（私は車が好きです）
　　　　　▲　　△　　　△
d．カノジョガ　ソコニ　イキマス　　　（彼女がそこに行きます）
　　　　　△　　▲　　　△
e．コレカラ　ユウショクヲ　タベマス　（これから夕食を食べます）

（▲＝焦点のある句，△＝焦点の無い句）

　【11.a】では「花は」が意味の中心となり，頭高型を示しています。これに対して【11.b】では焦点は「百円です」に当てられ尾高型になります。3つ以上のアクセント句が含まれる文章でも，焦点の当てられる句は1つです。どの

句に焦点が当てられるかは文の意味内容によって決まります．【11.c】では「好きです」，【11.d】では「彼女が」，【11.e】では「夕食を」にそれぞれ焦点があります．このように，文のどこに焦点が当たるかはその意味内容によるところが大きいようで，文の形によって決まっているわけでもありません．【10】の例にもあるように，「私は」と「私が」では助詞のみが異なっているだけですが，イントネーション型が変わってきます．もっとも伝えたい部分を「高く」発音するということが基本と考えてください．

　実際の発音では，焦点の当たる語が際立って高く発音されるのは，あえてその部分を強調するときが多く，通常は高さの違いはそれほど大きくはありませんが知覚するのには十分な違いがあります．このうち尾高型では最後のアクセント句が高く発音されるのですが，実際には平坦に感じる人たちも多いのではないでしょうか．そう感じられるのももっともなことです．というのも実際のピッチは前のアクセント句とあまり違いはありません．この「違いがない」というところが重要なのです．【8】で「自然降下」について述べましたが，文の発音は普通文末に向かって徐々にピッチが下がっていくのが自然な発音です．最後のアクセント句に焦点がある場合，この「自然降下」が抑えられるという形で「アクセント」が認識されるのです．

　1文に焦点は1つであると述べましたが，次のような場合では複数表れることがあります．

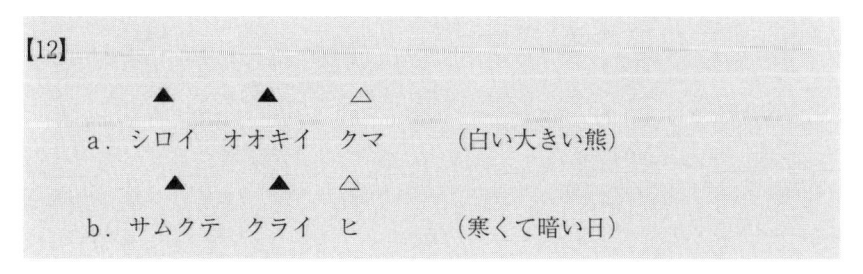

【12】

　　　　▲　　　　▲　　　△
　a．シロイ　オオキイ　クマ　　　（白い大きい熊）
　　　　▲　　　　▲　　　△
　b．サムクテ　クライ　ヒ　　　（寒くて暗い日）

【12.a】の例では形容詞が連続して使われている場合です．このような文では形容詞には重要性の上下がなく両語ともに高いピッチが与えられます．【12.

b】でも同様です．これらの句では伝えたい情報は「熊」や「日」ではなく，それらがどのような状態であったかです．

4.3.2. 焦点のルール

意味の焦点がどこにくるのかを2語の組み合わせで考えてみましょう．

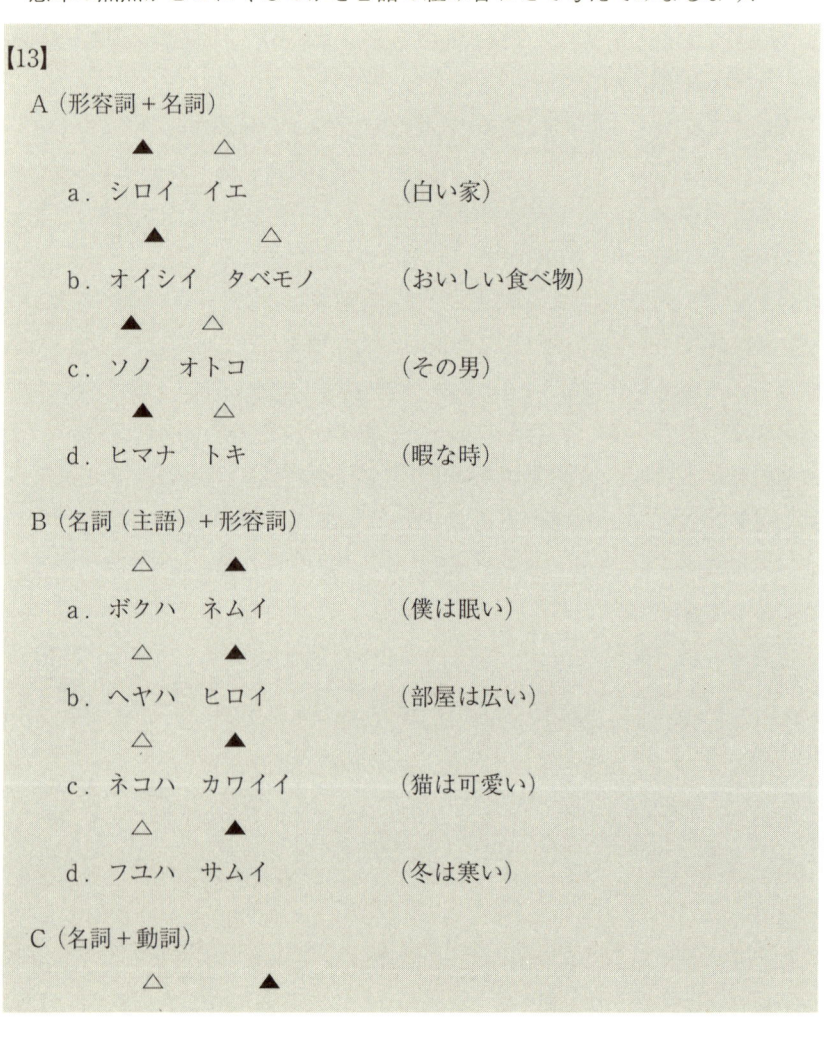

【13】
A（形容詞＋名詞）
   ▲ △
 a．シロイ　イエ　　　　　（白い家）
   ▲   △
 b．オイシイ　タベモノ　　（おいしい食べ物）
   ▲ △
 c．ソノ　オトコ　　　　　（その男）
   ▲ △
 d．ヒマナ　トキ　　　　　（暇な時）

B（名詞（主語）＋形容詞）
   △ ▲
 a．ボクハ　ネムイ　　　　（僕は眠い）
   △ ▲
 b．ヘヤハ　ヒロイ　　　　（部屋は広い）
   △ ▲
 c．ネコハ　カワイイ　　　（猫は可愛い）
   △ ▲
 d．フユハ　サムイ　　　　（冬は寒い）

C（名詞＋動詞）
   △ ▲

a. ワタシハ　オヨイダ　　　（私は泳いだ）
　　△　　　　▲

b. カレハ　ネテマス　　　　（彼は寝てます）
　　▲　　　△

c. トリガ　トンダ　　　　　（鳥が飛んだ）
　　△　　　▲

d. ユメヲ　ミタ　　　　　　（夢を見た）

D（副詞＋形容詞）
　　　　▲　　　△
a. トテモ　アツイ　　　　　（とても暑い）
　　▲　　　△
b. スゴク　イタイ　　　　　（凄く痛い）
　　　▲　　　　△
c. トテツモナク　キレイ　　（とてつもなく綺麗）
　　　▲　　　　△
d. アマリニモ　ヒドイ　　　（あまりにもひどい）

　【13A】の形容詞＋名詞の場合，名詞がどのような状態であるかを示している形容詞が中心情報です．たとえば「白い家」の場合伝えたいのは家が白いことで，家自体ではありません．【13.B, C】は主語＋述部の関係ですが，焦点は述部にあります．動詞であれ，形容詞であれ主語が行う行動，主語の状態が伝えるべき情報の中心となります．特に代名詞はすでに元となる名詞が使われているので，「新情報」ではありません．また，「私は」あるいは「あなたは」などの語は会話中には状況から誰であるかわかっているわけですから，あえてこの語に焦点を当てる必要はありません．注意を要するのは【13.C. c, d】です．【13.c】では助詞に「が」が使われています．「が」は前の名詞を文のトピックにする機能をもっています．「私は行きます」と「私が行きます」を比較する

と後者では焦点が前にきているのがわかるでしょう．また，【13.d】における主語の位置にきている語は実際は目的語で，主語は省略されている表現です．したがって，「私は夢を見た」という文が本来の形で，この場合焦点は目的語の「夢を」に当てられます．【13.D】は副詞が使われていますが，副詞は形容詞を修飾する場合程度を表すので，強調の意味をもちます．したがって焦点は副詞に置かれるのが一般的です．

4.3.3. 焦点の移動

前節でイントネーション型と焦点の位置について述べましたが，疑問を感じた例もあったのではないでしょうか．前節で述べたイントネーション型は通常発音の場合に見られる型です．文の焦点は話者の意図により移動が可能です．焦点が移動することにより特定の語を強調する表現となります．ここでは前者を「通常型」，後者を「強調型」と呼ぶことにします．

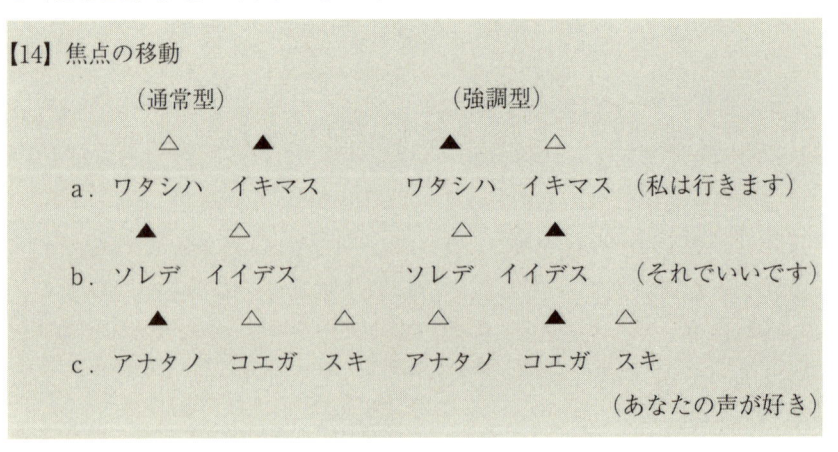

【14】焦点の移動

```
         (通常型)                    (強調型)
          △    ▲                    ▲    △
    a．ワタシハ  イキマス          ワタシハ  イキマス   （私は行きます）
          ▲    △                    △    ▲
    b．ソレデ   イイデス           ソレデ   イイデス   （それでいいです）
          ▲    △    △              △    ▲    △
    c．アナタノ コエガ スキ        アナタノ コエガ スキ
                                                  （あなたの声が好き）
```

【14.a】で通常型は「行きます」が焦点ですが，焦点を「私は」に移動すると「（君たちはどうかわからないけど）私は行きます」というニュアンスが付け加えられます．【14.b】では最初のアクセント句が高く発音されるのが通常型ですが，強調型では「本当は不本意なんだけど……」という話者の特別な感

情が表す表現になっています。【14.c】の通常型ではただ単に「声が好き」であることを表していますが，強調型では「声以外は……」という意味を含むようになります。

このように「強調型」は話者の意図を相手に伝えるために通常とは異なったイントネーション型を使っているのです。

4.4. 文末のイントネーション

前節では文章全体のイントネーション型がどのように形成されているかについて説明しましたが，この他にも文末イントネーションとして知られるピッチ変化があります。もっとも一般的に認識されているのが疑問文の上昇イントネーションです。また，陳述文でも文末は下降イントネーションが使われています。これらは文の「切れ目」を表す機能をもっています。

【15】文末イントネーション
　　a．カエリマス↗　　　（帰ります？）
　　b．カエリマス↘　　　（帰ります。）

【15.a】は疑問文で，文末には上昇イントネーションが用いられています。また【15.b】は陳述文で，下降イントネーションで発音されます。しかし，これらの文末イントネーションは，語アクセントとどのようにかかわるのでしょうか。4.2. で述べたように文章単位では語のアクセント型は保持されるのが基本です。【15】の「マス」は（●○）で最初の拍にアクセントがあります。したがって「マ」から「ス」にかけてピッチの降下があります。実際には【16】にあるように，一度下がったピッチが再度上昇します。

【16】語アクセントと上昇イントネーション
　　a. カエリマス↗?
　　b. ウルサイ↗?

　文末が高ピッチ（H）である場合はその高にさらに上昇イントネーションが加えられます。

【17】
　なににする↗？うめぼし↗？

　これに対して陳述文では文末の語アクセントによって平板イントネーションと下降イントネーションの両方が現れます。

【18】
　　a. つかれた↘
　　b. いきたい↘
　　c. いった→
　　d. ぼくはねる→

4.5. 注意すべきアクセント・イントネーション

4.5.1. 平板発音

　ここまで標準語アクセント，イントネーションについて述べてきましたが，日本語アクセントは多くのバリエーションがあります。地域によるアクセントの違いはよく知られています。たとえば「橋」は標準語アクセントでは「低高」（ハシ）ですが，大阪方言では「高低」（ハシ）となります。また同一方

言内でも年代などによって異なったアクセントが用いられることがあります．最近標準語の中に若い世代から新しいアクセント型を使う傾向が出てきました．これは一般に「平板アクセント」あるいは「フラットアクセント」と呼ばれ，頭高型や中高型の語を平板型で発音するものです．本書では語アクセントの「平板型」と区別するために後者の呼び方を用います．初期にはこの発音型は主に外来語に用いられてきました．

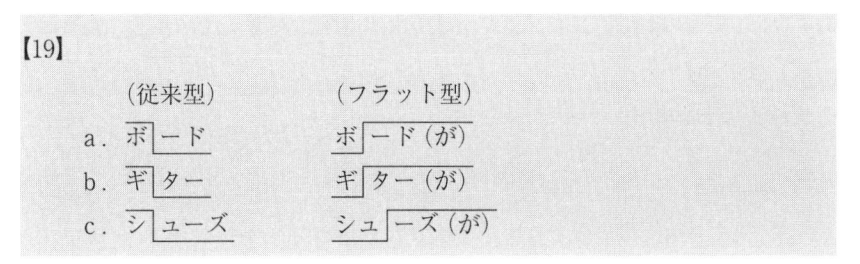

【19】

	(従来型)	(フラット型)
a.	ボード	ボード(が)
b.	ギター	ギター(が)
c.	シューズ	シューズ(が)

これらのフラットアクセントは，次第に日本語の本来語の中にも浸透し現在ではアナウンサーにもこのアクセント型を使う人たちが増えています．

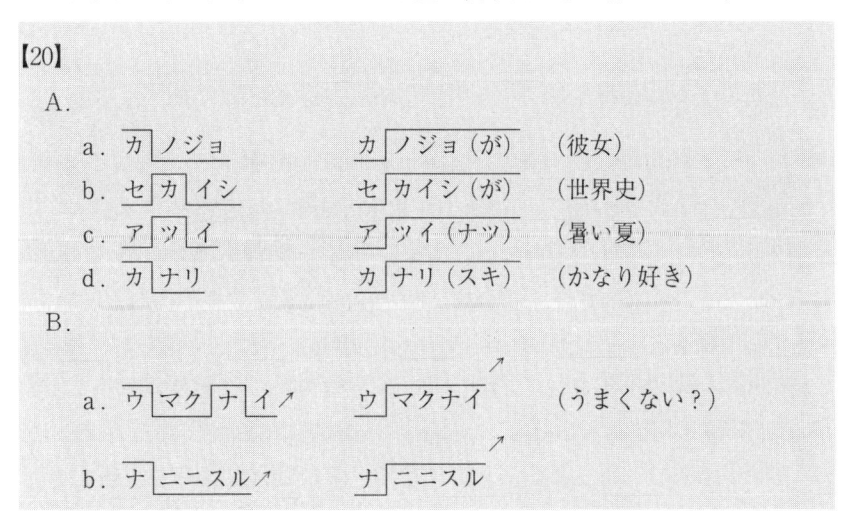

【20】

A.

a.	カノジョ	カノジョ(が)	(彼女)
b.	セカイシ	セカイシ(が)	(世界史)
c.	アツイ	アツイ(ナツ)	(暑い夏)
d.	カナリ	カナリ(スキ)	(かなり好き)

B.

a.	ウマクナイ↗	ウマクナイ↗	(うまくない？)
b.	ナニニスル↗	ナニニスル↗	

【20.A】には語レベル，【20.B】には文レベルでのフラットアクセントの例を

あげてあります。これらほとんどの例ではアクセントの変化によって語の意味が変化するものはそれほど多いわけではありません。このような変化はコミュニケーションに重大な支障をきたす場合にはあまり起こらないものです。しかしながら、【20. A. c】のように「厚い夏」と聞こえてしまい意味不明になる場合もあります。フラットアクセントが普及しつつある背景には単純化（経済性）の法則が働いていると考えられます。日本語学習の場合でも語によって異なるアクセント型を覚えるよりも1つのアクセント型（フラット型）をすべての語に使うことができれば非常に経済的です。このようなフラット型以外に別のアクセント単純化の例も見られます。

【21】
a.	ア￣カイ	→ ア￣カイ	（赤い）
b.	キ￣イロイ	→ キ￣イロイ	（黄色い）
c.	ク￣ライ	→ ク￣ライ	（暗い）
d.	ネ￣ムイ	→ ネ￣ムイ	（眠い）
e.	シ￣ロク	→ シ￣ロク	（白く）
f.	シ￣ロカッタ	→ シ￣ロカッタ	（白かった）

「い」で終わる形容詞は「赤い」など平板型と「黒い」など中高型があり、アクセントでも対立を成していました。しかし【21. a-d】にあるようにすべて中高型になっています。この変化は副詞形や過去形【21. e, f】などでも共通に見られます。これらはフラットアクセントの場合と同様アクセントの簡略化と見ることができるでしょう。

簡略化は語彙にも派生して「難しい」や「気持ち悪い（気味悪い）」などの長い形容詞は簡略化され次のような表現となっています。

【22】
　　a. キモイ　＜　気持ち悪い

b.	ムズイ	＜	難しい
c.	メンドイ	＜	面倒くさい

　これ以外にも「なにげに ＜ 何気なく」など長いものは短く，不規則なものは規則的にしてしまう傾向にあるようです．

　このような傾向は現段階ではある年代に限定された表現であり，一般には受け入れられていない表現なので正しい言い方を認識する必要があるでしょう．

　本節では句，文のイントネーションについて述べてきましたが，含まれている語のアクセントは基本的には保持されます．日本語においてアクセントは語の意味を区別する機能をもっていますから語のアクセントは基本的には変わりません．

練習問題

1. 次のペアをアクセントと文の切れ目に注意して発音してみましょう．
   a．今行きます　　　今井来ます
   b．花？市外！　　　放し飼い
   c．足高くよ！　　　明日書くよ！
   d．頼め，バインダー！　　頼めばいいんだ

2. 次の文を「通常形」と「強調形」の両方で発音し意味の違いを考えてみましょう．
   a．これは　**嫌いです**　　　　　これは　嫌いです
   b．私は　**学生です**　　　　　　私は　学生です
   c．**彼が**　先生です　　　　　　彼が　先生です
   d．**机の**　そばに　あります　　机は　そばに　あります
   e．昨日　**学校に**　行きました
   　　昨日　学校に　行きました
   　　昨日　学校に　**行きました**

3. 語末イントネーションに気をつけて発音してみましょう．
   a．明日行く？　　　明日行く．
   b．今日会う？　　　今日会う．
   c．おいしくない？　　おいしくない．
   d．学校に行ったの？　　学校に行ったの．

5. 音変化

2章で「母音の無声化」2.2.7.,「連濁」2.3.2.などに触れましたが，これらは環境によって音が変化する現象です．本章ではこのような音の変化に焦点を当てて，色々な現象を見てみましょう．

5.1. 同化作用

「母音の無声化」は無声子音に挟まれた「高母音が無声化する」現象でした．また，「連濁」は合成語が作られる過程で，母音間に挟まれた第二要素の語頭の「無声子音が有声化する」現象です．これら2つの現象は「同化作用」と呼ばれる発音を楽に行うための方法の1つです．「同化」は大きく分けて，1. 声帯に関する同化（無声化，有声化），2. 発音する場所の同化（調音点同化）の2種類があります．この同化現象はあらゆる言語に観察され，英語には次のような同化現象が見られます．

【1】英語の母音無声化
 a. for<u>g</u>et　　[fərgét]
 b. pr<u>e</u>tend　　[prɪ̥ténd]
 c. Jap<u>a</u>nese　　[dʒʌpə̥níz]
 d. tod<u>a</u>y　　[tə̥déɪ]

　　　　　　　　　　　　（[ə̥]は無声化音のこと）

これらの例は（す̥き[sṳki]，き̥し[ki̥si]）の場合と同様，当該母音の前の

無声子音（[f] や [p]）の影響で母音が無声化を起こしています．また，連濁同様子音の有声化現象も英語に見られます．

【2】英語の子音有声化
  a．goose [s] + berry → [gúzbɛrɪ]
  b．south [θ] + ern → [sʌ́ðərn]
  c．ob + serve [s] → [əbzɔ́rv]
  d．bag + s [s] → [bægz]

次に調音点同化の例を見てみましょう．日本語では促音便，撥音便の発音が調音点同化を起こしています．調音点同化とは，ある音が回りの音の影響でその調音点が前後の音と同じになる現象のことです．調音点同化は主に子音連続の場合に起こります．日本語で子音連続が可能な音は基本的には促音便と撥音便のみです．撥音便の例を 2.3.5. 例【36】から再度あげてみます．

【3】
  a．アンピ　/aNpi/　→　[ampi]　（安否）
  b．アンタ　/aNta/　→　[anta]　（あんた）
  c．アンカ　/aNka/　→　[aŋka]　（行火）

【2.a】で撥音便は両唇破裂音 /p/ の前で両唇鼻音 [m] で発音されています．【2.b】では撥音便の後続音は歯茎閉鎖音 /t/ です．したがって撥音便は歯茎鼻音 [n] となります．【2.c】での撥音便は，後続子音は軟口蓋閉鎖音 /k/ ですから，軟口蓋鼻音 [ŋ] の発音になります．

このような例は英語にも見られます．

【4】
  a．in + possible → impossible

```
b． in + tolerant      →    intolerant
c． in + complete     →    in(ŋ)complete
```

　これらの例では後続音はすべて閉鎖音で撥音便は鼻音です．影響を及ぼすのは調音点のみで閉鎖音の特徴が撥音便の鼻音的特徴に影響を及ぼすわけではありません．有声化，無声化の場合も同様声帯の特徴のみが影響を及ぼします．このような同化作用を部分同化と呼びます．

　同化作用は一般的にはこのように調音法が部分的に影響を受けるものが多いのですが，隣り合う音と完全に同化してしまう場合もあります．日本語では促音便の発音がそのような例の1つといえるでしょう．次に促音便の例を 2.3.5. 例【38】から再び挙げてみます．

【5】
```
a． アッタ    [atta]    （あった）
b． イッピ    [ippi]    （一臂）
c． イッキ    [ikki]    （一機）
```

　促音便は母音の脱落により生じた子音連続です．日本語では鼻音を除いて異なった子音の連続はなく，同音の連続の重子音が存在するのみです．【5.c】を例にとると [iti] の [i] が脱落し，[itki] の音連続となり，[t] が [k] に変じた結果重子音が生じたと考えられます．このように後続の子音の特徴がすべて前の子音に移る現象は完全同化と呼ばれます．同様な現象を英語に見ることができます．

【6】
```
a． in + regular    →    irregular
b． in + legal      →    illegal
```

【6】では否定の接頭辞 (in) が regular, legal の語につけられた場合，後続子音の特徴をすべて受けて同音となっています．

5.2. 母音連続と子音挿入

　幼児の言語習得の過程で，「音節」を発音できるようになった段階が言語の始まりであるといわれています．また，人間にとって最も発音しやすい音節構造は (CV) つまり，子音＋母音の組み合わせであるともいわれます．この点から考えてみると，子音連続や母音連続は発音上あまり好ましくない音連続といえるでしょう．もちろん子音連続や母音連続を許すことにより，音の組み合わせの可能性が飛躍的に伸びて多くの語を作り出すことができるというメリットはもちろんあります．しかしながら純粋に発音の容易さという観点から考えると (CV) 構造は最も人間の発音に適した形のようです．日本語はこの点非常に発音しやすい言語ということができます．五十音表を見てもカ行からワ行まですべて (CV) の音節構造を持っています．日本人英語学習者の初期の発音間違いの多くが「母音挿入」(blue → [buruː] など) で，これは日本語の (CV) 構造にあわせるための行為といえます．

　子音連続以外に「母音連続」もあまり好まれないようです．母音連続は "hiatus" という術語があり，世界中の言語で "Avoid hiatus" (母音連続を避けろ) という原理(9)が働いているようです．日本語でも母音が連続する場合には，それを避けるためにいくつかの方策が採られますが，子音挿入が一般的です．

【7】　[w] の挿入
　　a．ka + ai　　　[kawaii]　　（可愛い）
　　b．ba + ai　　　[bawai]　　　（場合）
　　c．kaori　　　　[ka(w)ori]　　（香り）

（9）　OCP (Obligatory Contour Principle：必異性の原理) の１つの例で，隣り合う音は異なった形になりやすいという考え方．

         d. uo   [u(w)o]   (魚)

　【7. a, b】は比較的定着した発音ですが，【7. c, d】は偶発的な発音です．
　日本語の「を」を [wo] と発音するのは，「お」との文字，用法の違いのほかに，母音の連続を避ける力が働いているとも考えられます．「を」は助詞で名詞の後につけられますが，日本語の音節は母音で終わりますから，「お」(/o/) をつけると必然的に母音連続が生じます．これを避けるためと考えられるのです．また，[wo] の発音は必ずしも「を」の発音とは限りません．「お」も母音連続の位置に現れると，時によっては [wo] と発音されることがあります．例えば音楽の歌詞などでは母音が連続しそれぞれの母音に音符が与えられる場合，このような [w] の挿入された形が聞かれます．次の例は「宇多田ひかる」の曲に現れた半母音挿入の例です．

【8】
     a. コイニオチテモ　→　[kowiniwotitemo]　（恋に落ちても）
     b. アオイソラニ　　→　[awoisorani]　　　（青い空に）

　[w] 以外にもう一つの半母音 [j] が挿入されることがあります．

【9】
     a. シアイ　→　[sijai]　（試合）
     b. ミアイ　→　[mijai]　（見合い）
     c. キオイ　→　[kijoi]　（気負い）
     d. ケア　　→　[keja]　（ケア）

　【9】の例は主に実際の発音時に観察されるもので，無意識に [j] が挿入された発音になります．
　[w] か [j] のどちらを挿入するかは，前後関係で決まっています．【7】，

【8】の例で考えてみると、2母音のうち前の母音はそれぞれ、/a/, /u/, /o/, 後ろの母音は /a/, /o/, /i/ となっています。また、【9】では第1母音が /i/, /e/, 第2母音が /a/, /o/ です。【7】,【8】と【9】とでは第一母音のタイプが異なっています。/w/ 挿入の場合は前の母音が /a/, /u/, /o/ ですが、これらは後舌から開口母音のグループです。一方、/j/ 挿入の場合は、第1母音 /i/, /e/ は前舌母音となっています。したがって【10】のような半母音挿入の法則が考えられます。

【10】半母音挿入

　　　　第1母音　　　　　　挿入音
　　a. /a/, /u/, /o/　　→　　/w/
　　b. /i/, /e/　　　　→　　/j/

　前の母音の舌の位置は挿入音の選択に大きくかかわっているようです。とくに、半母音 /j/ は舌全体が上顎の歯茎に強く押し付けられる発音ですが、この特徴は母音 /i/ にも共通です。また、/w/ は特に /u/ と特徴を共にしています。同じ語でも前の音が変化すると挿入音も変化します。【7. d】の「魚」は九州方言で「イヨ」（[ijo]）と発音されます。この場合、/uo/ では前の母音が /u/ で、挿入音も /w/ となりますが、第一母音が /i/ の発音では挿入音も /j/ に変化していることがわかります。

　しかしながら、この法則にはいくつかの例外も認められます。【8. a】では [i] の後に [w] が挿入されています。この例では「恋に」と「落ちても」の間に、文節の切れ目があり、前の母音との連続性が弱いということが挙げられます。したがって前の母音による影響は小さく、語頭母音に [w] をつけた例と考えられます。また、【9. c】では、[kijoi] のほかに [kiwoi] という発音も観察されます。この例では後続母音が [o] であり、それ以外の母音では [w] の挿入は通常起こらないので（しあい　→　*しわい、ケア　→　*ケワ）、[o] の場合は「を」（[wo]）になる力が強いのかもしれません。

外来語の発音は母音挿入に見られるように，母語の音声体系にあわせるために色々な音変化が現れます．上記の半母音挿入も外来語発音には多く見られます．

【11】
a. hair /hɛər/ → ヘヤー [heja:]
b. gear /gíər/ → ギヤ [gija:]
c. care /kéər/ → ケア, ケヤ [keja]
d. theater /θíətər/ → シアター シヤター [sijata:]
e. cheer (leader)/tʃíər/ → チア チヤ [tʃija]
f. core /kɔ́ər/ → コア, コワ [kowa]
g. coors /kúərs/(ビール名) → クアーズ, クワーズ [kuwa:dzu]

これらの例のうち【11.d】は /r/ を含まない母音連続ですが，英語話者も連続を避けるために，アクセントの位置を後ろに移動し，別の音節構造に変える発音もあります．(theater [θɪéɪtər])．

これらのような半母音の挿入は日本語に特有の現象ではなく，英語話者の日本語発音にもしばしば見られます．

【12】
a. ウエノ /ueno/ → [juweno] (上野)
b. ウオヌマ /uonuma/ → [juwonuma] (魚沼)

英語の場合 /u/ で始まる語はなく[10]，外国語発音では通常半母音 [j] が挿入されます．また，後舌母音の後の [w] も観察されます．

これらの半母音以外にも日本語には子音挿入が起こる場合があります．

---
(10) スペル上 "u" で始まる語はあるが [u] では通常発音されない．母音で始まる場合は [ʌ] や [ə] で発音される．(e.g. unable, urgent, up など)

【13】

	a.	ハル	+	アメ	→	ハルサメ	[harusame]	（春雨）
	b.	アキ	+	アメ	→	アキサメ	[akisame]	（秋雨）
	c.	ヒ	+	アメ	→	ヒサメ	[hisame]	（氷雨）

　【13】の合成語の例では「歯茎摩擦音」/s/ が挿入されています．確かに母音連続を避けるために子音挿入が行われているとも考えられますが，もともと「雨」は /same/ と発音されていたという説もあります．また，これらの例は「雨」に限られており，「飴」ではこのような挿入は起こりません．

【14】

| | a. | ノド | + | アメ | → | ノドアメ | （*ノドサメ） | （のど飴） |
| | b. | ゴマ | + | アメ | → | ゴマアメ | （*ゴマサメ） | （胡麻飴） |

　したがって，[s] の挿入は例外的と考えるべきでしょう．

5.3. 長音化

　母音連続を避けるためのもう一つの方法が「長音化」です．2.2.5.3. でも触れましたが，二重母音や連母音は口語発音，方言発音で頻繁に長音化されます．

【15】

	a.	ツライ	→	ツレー	（辛い）
	b.	スゴイ	→	スゲー	（凄い）
	c.	スイエイ	→	スイエー	（水泳）
	d.	モクトウ	→	モクトー	（黙祷）

これら二重母音以外に連母音も長音化を起こすことがあります．

【16】連母音の長音化
　　a．カエル　［ae］　→　ケール　　（帰る）
　　b．モエル　［oe］　→　メール　　（燃える）
　　c．アサオ　［ao］　→　アソー　　（麻生）
　　d．オシエル　［ie］　→　オセール　　（教える）

連母音の場合，二重母音と比較して母音の独立性が高く，一音である調音に変化するよりは半母音を挿入して母音連続を避ける傾向にあるようです．

5.4. 促音化

二重母音の長音化以外に【17】に見られるような二重母音を促音便を使った強調発音があります．

【17】
　　a．ウマイ　→　ウマッ　　（旨い）
　　b．アツイ　→　アツッ　　（熱い）
　　c．ヒロイ　→　ヒロッ　　（広い）
　　d．サムイ　→　サムッ　　（寒い）

1.4.3.でも述べたように，長音と促音は共通に強調表現に使われます．特に強い強調では促音が使われる場合が多いようです．
　長音と促音は挿入されることにより拍数が増え強調の意味を持つのですが，その現れ方には特徴があります．

【18】長音化による強調
　　a．デカイ　→　デカーイ　　（でかい）
　　b．タカイ　→　タカーイ　　（高い）
　　c．ホシイ　→　ホシーイ　　（欲しい）
　　d．ヒクイ　→　*ヒークイ　　（低い）

　【18】は形容詞や動詞の強調形ですが，語末の二重母音の第一母音が長音化しています．【18.d】にあるように，前の母音が伸びることはありません．この位置では促音が使われます．

【19】促音による強調
　　a．デカイ　→　デッカイ　　（でかい）
　　b．タカイ　→　タッカイ　　（高い）
　　c．ホシイ　→　ホッシイ　　（欲しい）
　　d．ヒクイ　→　ヒックイ　　（低い）

　長音，促音の両方が使われて更なる強調形も可能です．

【20】
　　a．スッゴーイ
　　b．タッカーイ
　　c．ヒックーイ
　　d．ホッシーイ

　【15】〜【20】は主に口語的発音です．同化，挿入，長音化の現象は発音を容易にするためのものですが，状況によっては丁寧さを欠く発音になるので，注意が必要です．

5.5. 音脱落

日本語は仮名一文字に当たる「拍」がリズム単位となっており,拍は独立性が高く,その点で英語のような言語と比較して,隣り合う音から影響を受けることが少ないようです.「音脱落」に関しても,英語では母音も子音も比較的多く観察されます.一方日本語も少ないながらもいくつかの例が見られます.

5.5.1. 母音の脱落

英語ではアクセントのない弱い母音が脱落することがあります.

【21】
　　a. company　[kʌ́mp(ə)ni]
　　b. family　[fǽm(ə)li]
　　c. separate　[sép(ə)rət]
　　d. factory　[fǽkt(ə)ri]

【21】は下線部の弱母音 [ə] が脱落している例です.脱落はアクセントを置かれない弱い母音が対象です.日本語でも 2.2.7. の「母音の無声化」の項でふれたように,無声化した母音は子音連続を生み出し,促音化を起こします.

【22】
　　a. ハツ /hatu/ ＋ シン /siɴ/ → ハッシン [haʃʃiɴ]
　　b. ドク /doku/ ＋ キン /kiɴ/ → ドッキン [dokkiɴ]

5.5.2. 音便と脱落

すでに述べたように日本語は音脱落は比較的起こりにくいといえますが,歴史的に大きな脱落現象が起こり現在の音便が生じました.

5.5.2.1. 子音脱落による音便

１．イ音便

イ音便は音声的には子音 /k/ の脱落であると考えられます．

【23】
- a．キキテ　/kikite/　→　キイテ　/kiite/　（聞いて）
- b．サキテ　/sakite/　→　サイテ　/saite/　（咲いて）
- c．ナキテ　/nakite/　→　ナイテ　/naite/　（泣いて）
- d．カキテ　/kakite/　→　カイテ　/kaite/　（書いて）

２．ウ音便

ウ音便も子音脱落による音便現象ですが，数種類の子音が関係しています．

【24】

（/k/, /g/ の脱落）
- a．オアツク　/oatuku/　→　オアツウ　/oatuu/　（お暑う）
- b．アリガタク/arigataku/　→　アリガトウ/arigatoo/　（ありがとう）
- c．カグワシイ/kaguwasii/　→　コウバシイ/koobasii/　（香ばしい）

（/h/ の脱落）
- d．ムカヒ　/mukahi/　→　ムコウ　/mukoo/　（向こう）
- e．シロヒト　/sirohito/　→　シロウト　/siro:to/　（素人）
- f．カナヒテ　/kanahite/　→　カノウテ　/kanoute/　（叶うて）

（/m/ の脱落）
- g．カミガミ　/kamigami/　→　コウゴウ　/koogoo/　（神々しい）
- h．サムラフ　/samurahu/　→　ソウロウ　/sooroo/　（候）

イ音便，ウ音便とも子音が脱落し，その結果二重母音が生じています．このうちウ音便の例ではこれらの二重母音が長母音化していることに注目すべきでしょう．つまり，子音脱落により生じたイ音便がさらに長音化してウ音便になるともいえます．

3．促音便，撥音便

イ音便，ウ音便が子音脱落による音便現象であるのに対して，促音便，撥音便は母音脱落による音便現象であるといえます．促音便に関しては折に触れて説明してきたので，ここでは撥音便を中心に見ていきましょう．

【25】撥音便
    a．シニテ   /sinite/   →シンデ   /siNde/   （死んで）
    b．トビテ   /tobite/   →トンデ   /toNde/   （飛んで）
    c．ブチマワス /butimawasu/ →ブンマワス /buNmawasu/（ぶん回す）
    d．ブチナグ   /butinagu/   →ブンナゲル /buNnageru/（ぶん投げる）

促音便も撥音便も母音脱落の結果生じた子音連続から生じた音便現象です．このうち促音便は第2子音が無声子音であることが条件になります．一方，口蓋垂鼻音の撥音便では 2.3.4. でも述べたように，第2子音が有声子音である場合が多く，撥音便と無声子音が続く場合も（「アンテイ」：安定など）第1子音がもともと鼻音である場合がほとんどです．【25】でも，第2子音が鼻音の場合には必ず撥音便で発音されます．また，【25, a, b】では語末の無声閉鎖音 /t/ が有声閉鎖音 /d/ に変化しています．

5.6. 言い間違い

日常会話で，私たちは常に理想的な文章を理想的な発音で話しているわけではありません．メッセージは，ある概念を表す音連続（語）を文法を使って文

にすることによって相手に伝えられます．発話とは実際には漠然としたの概念を，単音を直線的に並べて行うことです．脳はこのような作業をものすごいスピードで行うので，言い間違いは避けられない現象といえるでしょう．通常，言い間違いは言い直されたり，聞き手が文脈から類推して頭の中で正しい形に直したりして，コミュニケーションが成立します．しかし，言い間違いが固定し，一般化する例も多く見られます．

5.6.1. 音位転換（メタセシス）

発話中に音がひっくり返って発音されるような現象を「音位転換」（metathesis）とよびます．この現象は言語普遍的に観察されます．次に日本語の歴史的変化を経て固定したメタセシスの例をあげてみます．

【26】メタセシス
 a．アラタ　　→　アタラシイ　　（新た　→　新しい）
 b．シダラナシ　→　ダラシナイ　　（しだらなし　→　だらしない）
 c．サンザカ　　→　サザンカ　　　（山茶花）
 d．アキバハラ　→　アキハバラ　　（秋葉原）

【26】の例は用法が一般化し，元の発音はされなくなったものです．英語にもこのような例があります．

【27】
 a．bridde　（OE：古英語）　→　bird
 b．thridda　（OE）　　　　→　third
 c．hros　　（OE）　　　　→　horse
 d．waps　　（OE）　　　　→　wasp

【27】の例は古英語から，中世英語，現代英語にいたる歴史的変化ですが，

現代英語でも "ask" が "aks" と発音されるのは有名です．

日本語でも【26】のような歴史的な変化のみではなく，現在でも起こります．「舌鼓」を「シタヅツミ」(舌包み？) という発音は頻繁に耳にします．外来語では本来の発音に確証のない場合も多く，メタセシスの例が多く見られます．

【28】
    a．コミュニケーション (communication) → コミニュケーション
    b．シミュレーション　(simulation) → シュミレーション
    c．シチュエーション　(situation) → シュチエーション

これらの例のうち【27. a, b】は音位転換が起こった例もワープロで一発変換されますので，かなり定着した発音といえるでしょう．これらの例以外にも偶発的に起こる場合もあります．

【29】
    a．エレベーター　(elevator) → エベレーター
    b．オーソドックス　(orthodox) → オードソックス
    c．ノスタルジー　(nostalgia) → ノルスタジー
    d．リニューアル　(renewal) → ニューリアル

【28】では拗音中の半母音 /j/ が移動しています．また，【29】でも隣り合う音(音節)が交替しています．しかしながらさらに音どうしが隣り合っていない場合もあり，特に隣り合わない語の最初の音節が交替する現象を「スプーナリズム」(Spoonerism) と呼びます．この術語はオックスフォード大学の学長を務めた W. A. Spooner (1844-1930) に由来し，氏が "our dear queen" を "our queer dean"，や "well oiled bicycle" を "well boiled icicle" などと言い間違ったことが語源になっているようです．このようなスプーナリズムは日本語でも多く聞かれます．

【30】スプーナリズム
   a. ス<u>プ</u>リン<u>ク</u>ラー　　→　ス<u>ク</u>リン<u>プ</u>ラー　　　（sprinkler）
   b. <u>ハ</u>ヤシヤ・<u>コ</u>ブヘイ　→　<u>コ</u>ヤシヤ・<u>ハ</u>ブヘイ　（人名）
   c. <u>マ</u>イケル・<u>ジャ</u>クソン　→　<u>ジャ</u>イケル・<u>マ</u>クソン（人名）
   c. <u>ミ</u>ナサン　<u>コ</u>ンバンワ →　<u>コ</u>ナサン　<u>ミ</u>ンバンワ（皆さん，こんばんは）

　スプーナリズムは偶発的に起こる例がほとんどで，メタセシスと異なり，定着する例は少ないようです．

5.7. 省略表現

　言語は経済性の目的で省略されることがあります．「国際連合　→　国連」，「青山学院　→　青学」などの頭文字語から，「サボる」など混成語動詞の省略形まで多く見られます．特に若者言葉ではこの傾向が強く現れるようです．省略語は目標になる拍数があります．

（4拍）

【31】
   a. シュウカツ　（就活　：　就職活動）
   b. カクテイ　　（各停　：　各駅停車）
   c. セイキョウ　（生協　：　生活協同組合）
   d. ハンソク　　（販促　：　販売促進）

　このような漢語由来の名詞の省略語（頭文字語）以外に外来語も頻繁に省略されます．また，日本語と外来語との混成省略語も多く見られます．

【32】
　　a．パソコン　　（パーソナル・コンピュータ）
　　b．デジカメ　　（デジタル・カメラ）
　　c．セクハラ　　（セクシュアル・ハラスメント）
　　d．ゴウコン　　（合コン：　合同コンパ）
　　e．プレゼン　　（プレゼンテーション）

　【32.a-c】は【31】の例と同様，省略前の2語の最初の音節を取って合成した表現です．【32.d】は日本語と英語の混成語ですが，ここまでは頭文字語の傾向を示しています．しかし，【32.e】は複合表現ではありません．この場合，語の最初の4文字（拍）を使った表現になっています．

　4拍語は日本語では基本的なリズム単位をなしているようです．幼児語でも反復を使った4拍語が多く使われます（ワンワン：犬，ブーブー：車など）．英語でも幼児語は同様の表現を使います（waawaa: water, choochoo: train, など）．したがって4拍語は発音上安定した形といえるでしょう．

　次に3拍の省略形をみてみましょう．

（3拍）

【33】
　　a．ブラピ　　　（ブラッド・ピット：俳優の名前）
　　b．ナンア　　　（南ア：南アフリカ）
　　c．プロモ　　　（プロモーション：promotion）
　　d．テレビ　　　（テレビジョン：television）
　　e．バイト　　　（アルバイト：arbeit＝独）

　【33.a, b】は頭音節合成のタイプですが，【32.c-e】は後部省略形となっています．【31】-【33】の省略形の例は一般的に使われる例ですが，若者言葉には

動詞，形容詞などにも多くの省略形を使うようです．

【34】若者言葉の省略形
(動詞)
a．コクル　　　　（告白する）
b．デニル　　　　（デニーズに行く）
c．ブチル　　　　（ブッチする：逃げる）
d．ジモル　　　　（「ジモティー」の動詞：地元で遊ぶ）

(形容詞)
e．キモイ　　　　（気持ち悪い）
f．ウザイ　　　　（うざったい）
g．ムズイ　　　　（難しい）
d．イマイ　　　　（現代的な）

　【34】の動詞，形容詞形は目標拍数が3拍です．というのも日常頻繁に使われる動詞や形容詞は，「走る，泳ぐ」，「青い，旨い」など3拍のものが多いからです．したがって「告白する」や，「気持ち悪い」といった長い表現は経済的コミュニケーションには都合が悪く，一般的な3拍語に省略すると考えられます．これら3拍語以外にも「アケッパ，ツミッパ」（開けっ放し，積みっ放し）などの4拍省略形も耳にします．英語でも"dorm"（dormitory），"biz"（business），"pics"（pictures）などの省略形がありますが，多くの場合単音節語になります．

　言語にかかわらず，身近で使われる言葉はコミュニケーション効率と経済性の目的から比較的短い語が多いものです．この点から省略語は経済的，効果的なコミュニケーションの目的のためには大変有効です．しかし，省略表現はともすると，特定グループ内での専門用語，俗語，隠語の類であることも多く，その使用法，あるいは使う相手を間違うと，コミュニケーションに大きな支障

をきたすこともあるので，注意が必要です．

練習問題

1. 次のカタカナ表現の言い間違いを正しい形に直して発音してみましょう．
   a．サブミリナル　＜　（　　　　　　　　　）
   b．アガリスク　　＜　（　　　　　　　　　）
   c．アボガト　　　＜　（　　　　　　　　　）
   d．アナグロ　　　＜　（　　　　　　　　　）
   e．シュミレーション　＜　（　　　　　　　　　）
   f．アニメティー　＜　（　　　　　　　　　）
   g．ヒマヤラ　　　＜　（　　　　　　　　　）
   h．モーシャリス　＜　（　　　　　　　　　）
   i．パマナ　　　　＜　（　　　　　　　　　）
   j．プタラナス　　＜　（　　　　　　　　　）

2. 次の省略形を完全な形に直して発音してみましょう．
   a．インフラ　　　＜　（　　　　　　　　　）
   b．インフレ　　　＜　（　　　　　　　　　）
   c．リストラ　　　＜　（　　　　　　　　　）
   d．コンビニ　　　＜　（　　　　　　　　　）
   e．エンスト　　　＜　（　　　　　　　　　）
   f．セコハン　　　＜　（　　　　　　　　　）
   g．スタメン　　　＜　（　　　　　　　　　）
   h．アルミ　　　　＜　（　　　　　　　　　）
   i．パーマ　　　　＜　（　　　　　　　　　）
   j．コンパ　　　　＜　（　　　　　　　　　）
   k．ギャラ　　　　＜　（　　　　　　　　　）
   l．コネ　　　　　＜　（　　　　　　　　　）

参考文献

(日本語音声関係)

天沼寧・大坪一夫・水谷修(1978)『日本語音声学』くろしお出版

金田一春彦(1967)『日本語音韻の研究』東京堂

窪薗晴夫(1999)『日本語の音声』岩波書店

斎藤純夫(1997)『日本語音声学入門』三省堂

城生伯太郎(1998)『日本語音声科学』バンダイ・ミュージックエンタテインメント

城田俊 (1993)『日本語の音』ひつじ書房

杉藤美代子(1996)『日本語の音』(シリーズ日本語音声の研究:第3巻) 和泉書院

田中真一・窪薗晴夫(1999)『日本語の発音教室』くろしお出版

文化庁(1971)『音声と音声教育』(日本語教育指導参考書 1)大蔵省印刷局

(日英語比較音声学関係)

今井邦彦・橋本萬太郎(1980)『音声と形態』(日英語比較講座 第1巻)大修館書店

榎本正嗣(2000)『日英語話し言葉の音声学』玉川大学出版部

窪薗晴夫(1998)『音声学・音韻論』(日英語対照による 英語学演習シリーズ)くろしお出版

窪薗晴夫・本間猛(2002)『音節とモーラ』(英語学モノグラフシリーズ)研究社出版

(日本語辞典関係)

金田一春彦・林大・柴田武(編)(1988)『日本語百科大辞典』大修館書店

小学館(編)(2004)『日本国語大辞典 第二版』小学館

索　引

あ

アクセント　10, 21, 24, 28, 33, 61
　　——核　62
　　——句　62, 64, 83
　　——の制約　64
異音　21, 38, 42, 43, 44, 53, 55
意味の焦点　87, 88
イントネーション　21, 24, 83
O型アクセント　73
音位転換　114
音節　7, 8, 10, 16, 17, 25, 30, 35, 39, 45, 51, 55
音素　21, 22, 40, 41, 43, 52
音の組み合わせ　11
音変化　101

か

外来語のアクセント　70
完全同化　103
擬声語　7, 12, 13, 47, 50
擬態語　7, 47, 50
起伏型　67, 74, 75
基本的アクセント型　71
強調　17, 28, 84
　　——形　29
形容詞のアクセント　75, 80
語アクセント　62, 65, 83
口蓋音　44
口蓋化　52, 53
硬口蓋音　42

さ

子音　7, 8, 11, 14, 15, 16, 21, 23, 24, 25, 39, 42, 43, 51, 52, 57
　　——挿入　103
自然降下　87, 91
集合語のアクセント　77
焦点の移動　94
焦点のルール　92

省略表現　116
頭高型　64, 66, 68, 69, 72
スプーナリズム　115
清音　45, 47, 48, 49, 52, 53
声門閉鎖音　28, 30
阻害音　24, 39, 46
促音　8, 16, 28, 43, 55, 56, 57, 71
　　——化　109
　　——便　10, 14

た

ダウンステップ　87
濁音　8, 10, 38, 41, 46, 47, 48, 49, 50, 52, 53
脱落　33, 34, 50
弾音　39, 44
中高型　67, 68
長音　28
　　——化　27, 37, 108
直音　51, 52
同化現象　42
同化作用　101
特殊拍　8, 15, 16, 71

な

二重母音　27, 30, 31, 37, 72

は

拍　7, 8
発音器官　21
撥音　8, 28, 43, 54, 55, 71
　　——便　9, 11, 14, 15, 54
破裂音　14,
半濁音　8, 39, 40, 50
半母音　12, 40, 45
鼻音　10, 17, 39, 43, 53
引き音　8, 9, 11, 14, 16, 28, 71
鼻子音　43
鼻母音　15
表意文字　7
部分同化　103

123

文イントネーション　85
閉鎖音　14, 24, 40, 43, 46, 52, 55
平板型　67, 68, 69, 72, 74, 75
平板発音　96
母音　7, 8, 11, 12, 14, 15, 16, 17, 21, 22, 24, 25, 26, 27, 28, 30, 31, 32, 34, 36, 39, 47, 51, 55
　――交換　32, 33

ま
摩擦音　10, 14, 13, 23, 24, 41, 42, 46, 52, 56, 57
無アクセント語　66
無声音　24, 41, 46, 49, 53
無声化　33, 34, 101

メタセシス　114
モーラ　7

や
有声音　24, 42, 46, 49
有声化　101
拗音　8, 12, 13, 38, 42, 44, 51, 57

ら
連濁　10, 48
連母音　30

わ
渡り音　51

[著者紹介]

榎本　正嗣（えのもと　まさつぐ）
玉川大学文学部助教授
1953年生まれ．玉川大学文学部卒業．玉川大学文学部大学院修士課程修了．スタンフォード大学言語学部大学院修了．コーネル大学言語学部客員研究員，玉川学園女子短期大学助教授を経て，現職．
著書：『英語の発音』（リンガフォン），『ヌーボーの英会話』（ぎょうせい），『日英語 話し言葉の音声学』（玉川大学出版部），『ことばを調べる』（編著，玉川大学出版部）

現代日本語発音の基礎知識

2006年2月25日　第1版第1刷発行

著　者　榎本　正嗣

発行者　田中　千津子

発行所　株式会社　学文社

〒153-0064　東京都目黒区下目黒3-6-1
電話　03（3715）1501（代）
FAX　03（3715）2012
http://www.gakubunsha.com

印刷　新灯印刷
製本　橋本喜太郎製本所

©Masatsugu ENOMOTO 2006

乱丁・落丁の場合は本社でお取替えします．
定価は売上カード，カバーに表示．

ISBN4-7620-1506-7

加瀬次男著 **コミュニケーションのための日本語・音声表現** B5判 247頁 定価2940円	ことばとは何か，話して伝える，読んで伝えるを重点に，日本語の音声表現を考える。まず論理を説いた理解の部よりはじめ，実用に応える演習の部で理解をさらい，発表力をつける。1034-0 C0081
加瀬次男著 **日本語教育のための音声表現** B5判 210頁 定価2625円	大事とされる聞くこと，聞いて伝えることについて，どうしたら人の話が聞け，人から聞いたことをどう他に伝えるのか。場面場面に例を求め，聞いて伝えるスキル，インタビュー技法を養える。1079-0 C0081
佐藤一昭著 **国際コミュニケーションと国際関係** A5判 174頁 定価2730円	言葉の違いは人々との生活の違いによる。生活の認識を欠けば言葉の理解は貧しくなる。英語教材である本書は言葉を得たくば大いに血肉となろう講読を重視し，論理思考と日本語力をも養えるよう編纂。1030-8 C3082
柴田義松・鈴木康之・鶴田清司編 **大学生のための日本語学習法** A5判 192頁 定価1890円	レポートや論文といった日本語能力（言語技術）の現実の使用場面において，大学において学ぶべき必要な日本語能力とは何か，どうやって高めていくのかということを具体的に明らかにする。1400-1 C3037
長岡博人監修／小松楠緒子著 ノート式 **伝達の技法** A5判 112頁 定価1680円	プレゼンテーションの技術から始まり，授業のやり方，答案作成の技法，センター国語必勝法まで，社会で生きていくうえで有効な人に伝える技術をノート式でわかりやすく解説していく。1471-0 C3037
古閑博美・倉田安里・金子章予著 **日本語会話表現法とプレゼンテーション** A5判 212頁 定価2100円	日本語会話表現法は会話に焦点を当て，国語学の観点から社会生活における会話表現を，敬語や使用する場面，状況，人間関係から記述。それを理解し，プレゼンテーション能力の向上をはかる。0867-2 C1081
朝倉征夫編著 **多文化教育の研究** ——ひと，ことば，つながり—— A5判 192頁 定価1890円	〔早稲田教育叢書〕多様な文化と共に生きる社会で求められる多元主義にもとづいた教育実践を。日本，アジア，オセアニア地域の他者理解をうながす多文化教育を取り上げ，その課題と展望をまとめた。1257-2 C3337
正田亘著 **五感の体操** ——心理学を活用したあたらしい安全技法—— 四六判 152頁 定価1575円	あらためて我が身の能力や特性，とりわけ五感についてかえりみると，意外なほど無知なのがふつう。そこらの危険をさけるにも，職場でも夫婦でもひとりきりでもよし，お手軽な五感の訓練法を紹介。1006-5 C0075